KB275811

열려라,
인생

열려라, 인생

제1판 제1쇄 발행일 2013년 2월 19일
제1판 제3쇄 발행일 2014년 6월 10일

글 | 고성국·남경태
기획 | 책도둑(김민호, 박정훈, 박정식)
디자인 | 김상보
사진 | 최상천
펴낸이 | 김은지
펴낸곳 | 철수와영희
등록번호 | 제319-2005-42호
주소 | 서울시 마포구 월드컵로 65, 302호(망원동, 철수와영희)
전화 | (02)332-0815
팩스 | (02)6091-0815
전자우편 | chulsu815@hanmail.net

© 고성국·남경태 2013

＊ 이 책에 실린 내용 일부나 전부를 다른 곳에 쓰려면
　반드시 저작권자와 철수와영희 모두한테서 동의를 받아야 합니다.
＊ 잘못된 책은 출판사나 구입하신 서점에서 바꾸어 드립니다.

ISBN 978-89-93463-40-8 03300

철수와영희 출판사는 '어린이' 철수와 영희, '어른' 철수와 영희에게
도움 되는 책을 펴내기 위해 노력하고 있습니다.

고박과 남쌤이 청소년들에게 들려주는 인생론 2

열려라, 인생

고성국·남경태

철수와영희

즐거운 수다, 행복한 인생을 위해

:: 고성국

자유와 관용, 직업과 우정 그리고 행복이라는 주제로 다시 책을 엮었다. 남경태와의 작업은 늘 즐겁다. 사진도 다시 찍었다. 자연스러운 포즈를 연출하느라 촬영 때는, 없는 말도 해야 하는데 오히려 우리 둘은 얘기에 빠져 사진작가를 여러 차례 애먹였다.

익숙한 일상도 다시 보면 새롭다. 어느새 우리에게도 자유는 익숙한 일상이 돼버렸다. 좋은 일이다. '자유'를 다시 심각하게 부르짖지 않게 되길 진심으로 희망한다. 그러려면 우리들 모두 일상에서 늘 자유로워야 하리라.

관용은 여전히 우리에게 낯설다. 가벼운 접촉 사고에도 소리부터 높이도록 길들여져 온 우리에게 관용이라니! 고통스럽더라도 받아들여야 한다. 관용적으로 생각하고 행동해야 한다. 우리가 좀 더 성숙한 인간으로 살아가려면.

관용적 삶이 삶에 여유와 행복을 가져다준다는 사실을 온몸으로 깨닫게 될 때까지 관용하고 관용해야 하리라.

직업도 우정도 그리고 행복도 인생의 주인인 내가 어떻게 주인 노롯을 하는가에 따라 의미가 달라진다. 중요한 것은 나다. 나의 선택이고 나의 결단이고 나의 행동이다. 딱 국민 수준만 한 대통령과 국회의원들을 갖게 된다고 하지 않던가. 못난 정치인들의 모습에서 못난 우리의 자화상을 본다.

세상의 모든 변화는 나로부터 시작된다. 관계의 변화, 심지어 정치까지도 나의 행동에서 비롯되고 시작된다.

제대로 주인 노릇을 잘하기 위해 가끔씩 정말 가까운 사람들과 허물없이 수다를 떨 것을 권하고 싶다. 즐거운 수다만큼 마음을 열어주는 것도 없다. 어깨의 힘을 빼고 권위, 근엄함, 엄숙 같은 세상의 가면을 다 내려놓고 행복한 인생을 열기 위한 즐거운 수다를 시작하자.

책과 가르침에 대한 참을 수 없이 가벼운 사고를 위해

:: 남경태

내가 '이런 책'을 내는 건 사실 터무니없는 일이다. 그 이유는 두 가지다.

우선 인문학 책을 쓰고 번역하는 일을 오래 해온 터라 나는 무릇 책이라면 저자가 심혈을 기울여 글을 쓰고 다듬고 고쳐 펴내는 걸로만 알았다. 물론 이 책에 그런 정성이 들어가지 않은 것은 아니지만, 어쨌든 지금 이 책은 혼자서 밤을 새우고 때로는 글이 안 나가 끙끙거리며 썼던 예전의 내 책들과는 분명히 다르다. 혼자 쓴 게 아니라 20년 만에 우연히 재회한 고성국 선배라는 '주동자'가 있었던 게 다르고, 여느 때처럼 외롭고 힘들게 작업한 게 아니라 둘이 때로는 진지하게 때로는 낄낄거리며 즐겁게 작업했다는 점이 다르다.

둘째는 청소년에게든 성인에게든 누군가에게 멘토처럼 행동하는 것만큼 내게 어색한 것도 없다는 이유다. 내가 누굴 가르칠 자격(資格)이 되느냐는 자격지심(自激之心)도 있지만 그런 겸양에 앞서 내 성격상 누굴 가르치거나 계도하는 걸 무척 싫어하기 때문이다. 우선 내가 지금까지 누구에게서 가르침을 받거나 계도된 적이 없기 때문에 나는 늘 가르침과 계도를 싫어할 뿐 아니라 경멸하는 편이었다.

그러나 이 책을 작업하면서 그 두 가지 이유의 근저에 한 가지 공통적인 의식이 있다는 걸 깨달았다. 그것은 바로 엄숙주의다. 책에 대한 엄숙주의, 가르침에 대한 엄숙주의다.

그런데 엄숙주의라니? 어린 시절부터 못 견뎠고 젊은 시절에 혐오했고 지금도 나와는 관계가 없다고 여기는 그 엄숙주의? 하지만 내가 '이런 책'을 영 마뜩찮게 여겼던 이유는 바로 엄숙주의 때문이었다. 책은 진지하고 어딘가 고고해야 하며, 가르침은 훈계와 교훈을 줘야 한다는 강박증이 그 엄숙주의다.

우여곡절 끝에 이 책을 내게 된 지금, 나는 수십 년간 멀리해왔고 이제는 내게 전혀 없다고 믿었던, 그러나 아직 끈질기게 남아 있었던 나쁜 강박증 한 가지를 깨끗이 털어버린 느낌이다. 그렇게 보면 이 책은 독자에게 뭔가 배우거나 생각할 거리를 줄 수 있겠지만 그와 더불어 내게도 큰 기여를 한 셈이다.

우정, 자유, 관용, 직업, 행복, 이 책에서 다루는 이런 개념들은 단어들 자체만 보면 그야말로 전통적인 책에 걸맞은 주제이며, 선생이 학생을 가르치고 타이르는 전형적인 광경을 연상시킨다. 하지만 독자들은 이 책에서 그런 개념들을 원래 싫어했던 두 사람이 대화라는 편한 방식을 이용(혹은 남용)해 그것들을 깨물고, 씹고, 다른 색으로 만들어 뱉어내는 과정을 볼 수 있을 것이다.

어쨌거나 책과 가르침은 본래 엄숙하지 않고 엄숙해서도 안 된다. 그러니까 독자들은 이 책과 이 책의 가르침이 재미있다면 끝까지 읽고 재미없다면 가차없이 버릴 일이다.

예나 지금이나 나는 계몽주의를 무척 싫어한다. 누구를 계몽하거나 설득하려 할 때 느끼는 부담과 좌절은 이미 오래전에 내려놓았다. 그러므로 지금 이 책은 독자를 계몽하거나 설득할 의도가 전혀 없다. 그냥 대화라는, 어찌 보면 지극히 사적인 방식을 통해 두 사람의 경험과 생각을 풀고, 그 결과를 식당의 메뉴처럼 '전시'해놓은 것에 불과하다. 여기서 무엇을 어떻게 취하고 버릴지는 독자의 몫이다.

차례

1

나를 버려야
진정한 친구를
얻는다

우정

진정한 우정이란?

남경태 고등학교 때 『데미안』이라는 소설에 빠진 적이 있어. 거기에 주인공 싱클레어가 즉흥적으로 베아트리체라는 소녀를 그림으로 그리는 장면이 나오잖아. 그게 멋있어 보여서 따라 하느라고 머릿속에 떠오르는 얼굴을 아무렇게나 그려서 친구랑 교환한 적도 있었어. 나중에 들으니 그 친구는 내 그림을 오랫동안 가지고 있었다고 해. (웃음) 『데미안』에 보면 싱클레어와 깊은 우정을 나누는 피스토리우스라는 사람이 등장해. 두 사람이 벽난로를 앞에 두고 서로 아무 말 없이 배를 깔고 누워 있는 장면이 인상적이었어. 그때 두 사람은 완전한 소통을 하는 거야. 그 대목을 읽으며 진정한 우정은 그렇게 말없이 서로 통하는 거라고 생각했지. 그들이야말로 완벽하게 서로를 이해하는 관계, 서로가 서로의 내면을 허물없이 나눌 수 있는 이상적인 관계라고 생각했던 거야. 사춘기 땐 누구나 한 번쯤 사랑이나 우정 같은 걸 고민하잖아.

당시 나는 누군가에게 뭔가를 부탁하는 걸 어려워했어. 특히 누군가에게 경제적으로 기대서는 안 된다는 걸 철칙으로 삼았지. 어려운 살림에도 누구한테 10원 한 장 꿔보지 않고 살았다는 자부심이 있었어. 일종의 콤플렉스 같은 거였는지도 모르지. 가난하고 자존심 강한 아이가 으레 그렇잖아. 나 나름대로 원칙을 세웠던 거야. 그런데 『데미안』을 보고는 생각이 달라졌어. 진정한 친구라면 무엇이든 아무 대가 없이 해줘야 한다고 생각했어. 예를 들면 나 같은 아이가 스스럼

없이 돈을 빌려달라고 부탁할 수 있어야 하는 거야. 그런 게 진짜 친구라는 생각이 들었던 거지. 싱클레어와 피스토리우스처럼, 내가 무슨 짓을 해도 이해해줄 수 있는 사람, 갑자기 내가 뜬금없이 욕을 퍼부어도 뭔가 사정이 있겠지 하며 내 걱정부터 해주는 사람 말이야. 내가 너무 바라나? (웃음) 물론 현실에서 그런 친구는 내게 없었고, 아마 누구에게도 없을 거라고 생각하지만 그래도 당시엔 간절한 바람이었다고.

고성국　친구를 둘로 나눠 생각할 수 있을 거 같네. 하나는 어린 시절 추억을 함께 나눈 친구가 있겠고, 다른 하나는 '뜻을 함께하는 사람'이라는 의미에서의 친구가 있겠지. 이때는 '동지'라는 말이 더 어울리겠다. 보통은 친구 하면 '소꿉친구', '불알친구'를 떠올리는 사람들이 많잖아. 나는 친구 안에 이 두 가지가 모두 있었으면 좋겠어. 어릴 때부터 함께 뛰놀며 자란 친구이자 앞으로 평생 뜻을 함께할 그런 친구.

남경태　드물지만 분명히 있지. 그런 친구를 가진 사람을 보면 부러워.

고성국　현실에서는 어려운 일이야. 병립이 잘 안 되지. 그나마 어느 한 쪽을 잘 유지하는 것만 해도 다행이고.

남경태　나이가 들수록 그렇지. 추억이든 뜻이든 나눌 사람이 있다는 건 그 자체로 행복한 일이야.

고성국　　사람이 살다 보면 계속 변하잖아. 동창회 같은 데서 어릴 적 친구를 만났을 때 낯선 느낌이 드는 것도 그런 이유 때문일 거야. 그때 내가 기억하는 친구들은 추억 속에 있는 거거든. 어릴 때 같이 멱감고 불장난하고 같이 야단맞고 했던 그 시절의 친구도 수십 년 세월이 흘렀으니 변하는 건 당연한 일이겠지. 생활도 다르고 사고방식도 다를 테니 말이야. 그래도 아쉬운 느낌이 드는 건 추억 속의 그 친구만은 변하지 않았으면 하는 기대 때문이 아닐까.

남경태　　요즘처럼 모든 것이 빨리 변하는 시대에는 더욱 그렇지.

고성국　　안타까운 건 지금의 관계도 추억만큼이나 중요하다는 걸 사람들이 종종 잊는다는 점이야. 과거에 집착하는 거지. 그래서 이상적인 친구는 미래를 함께 만들어갈 '동지'의 역할도 해야 한다는 얘기야.

남경태　　얘기를 듣다 흥미로운 생각이 들었어. 과거 군사 독재 시절을 예로 들어볼게. 자, 어떤 남자가 민주화 운동을 하다 감옥에 갔어. 애인은 밖에서 구명운동을 하지. 그러다 두 사람이 결혼을 해. 이념적으로 맺어진 동지가 되는 거지. 그런데 그렇게 고생을 하다가 남편이 출소하고 일상적인 부부 생활로 돌아갔을 때, 잘 사는 부부도 있고 못 사는 부부도 있어. 이념적으로 함께한다는 것과 현실적인 결혼 생활과는 괴리가 있을 수 있다는 생각이야. 이런저런 경우를 보면서 내가 내린 결론은 뜻이 아무리 같다고 해도 두 사람이 잘 지내느냐 아니냐는 각자의 성향과 노력에 달렸다는 거지. 부부와 친구는 이자(二者) 관계니까 둘이 알아서 관계의 규칙을 정하면 되는 거야. 주위에서 누가 뭐라 하면 안 되지. 그러니까 부모가 자식의 결혼 상대나 친구 관계에 뭐라 하는 건 어디까지나 충고일 뿐이고 지시나 명령이 되어서는 안 된다고 봐.

고성국 물론이지. 뜻을 같이한다고 해서 반드시 부부 관계가 좋다는 법은 없잖아. 뜻이 달라도 원만하게 지낼 수 있어. 일상에서의 인간관계라는 게 자질구레하지만 복잡한 감성적인 문제들을 해결해가면서 유지되거든. 좋은 관계를 유지하려면 기본적으로 상대방을 이해하는 마음이 있어야 해. 이게 없으면 친구 관계도 유지가 잘 안 되더라고.

나는 여행을 권하고 싶어. 24시간을 함께 지내면서 상대방의 자질구레한 면까지 전면적으로 그 사람을 경험해보라는 거야. 서로 실망도 하고 짜증도 냈다가 또 어느 때는 함께 있다는 사실 자체에 행복을 느끼기도 하면서 말이야. 그러면 좀 더 상대를 잘 이해할 수 있게 되지 않을까. 환상에서 벗어나 정말 그 사람 자체를 느끼는 거지. 나는 좋은 관계를 맺으려면 여행을 함께하면서 이 모든 것을 참고 소화해내고 풀어가는 경험을 해야 한다고 생각해. 둘이면 둘, 셋이면 셋, 함께 모인 사람들이 서로 진면목을 경험하고 이해했을 때 이전보다 더 성숙한 관계로 발전할 수 있다는 거지. 평소 눈여겨보았던 사람과 성공적으로 여행을 마쳤다면 그 친구(혹은 이성)와는 평생을 같이 갈 수 있을 거라는 믿음이 생길 거라고.

 그런 점에서 부부와 친구는 닮은 점이 있네. 하지만 달라지는 계기가 결혼이라는 거겠지. 친구처럼 연애할 때는 좋았다가 막상 결혼하고 살아보니까 사람이 영 다르더라는 얘기들을 하거든.

 연애할 때는 서로 좋은 면만 보여주잖아. 우정도 과신하지 말라고 충고하고 싶어. 학창시절에는 평생을 함께할 거로 생각하잖아. 쟤는 진짜 나랑 잘 맞아. 쟤를 위해서 내 목숨도 바칠 수 있어. 이런 생각도 하지. 어릴 때니까. 그렇게 세상에 쟤와 나 둘뿐인 것처럼 느끼지만 시간이 지나면 그게 아니거든. 학교가 갈리고 사회생활을 하면서 만남이 뜸해지고 하다 보면 예전의 그 뜨거웠던 감정은 어느새 사라지지. 우정도 유지하려는 적극적인 노력이 있어야 하는 거야. 필요한 건 과신이 아니라 '우정의 기술 art of friendship'이야.

 만들어 가야 하는 거야, 공들여서.

 자기 자신을 끊임없이 비우고, 상대방을 이해하려 노력하고 먼저 양보할 수 있어야 해. 그런데 이게 어렵잖아. 사람인데 아무래도 자기를 먼저 앞세우기 마련이지. 그래서 공동의 관심사가 필요하다는 거야. 그게 취미일 수도 있고 공부일 수도 있겠지. 예컨대 같은 대학에 진학하자, 같은 봉사 모임에서 활동하자, 이런 공동의 목표가 있으면 갈등이 생겨도 감수하게 되거든. 함께 가야 할 길이 있으니까. 그런데 이런 거 없이 무작정 상대방을 이해하려다 보면 언젠가는 불만이 터지고 관계가 틀어지지 않겠느냐는 거야.

   형이 그 말을 하니까 예전에 감동적으로 읽은 『쥐』라는 만화책이 생각나네. 지은이가 아우슈비츠에서 살아남은 자기 아버지의 삶을 쿨하게 묘사한 슬픈 이야긴데, 지금까지 열 번을 더 읽었어도 매번 읽을 때마다 눈물이 나. 그 책의 서두에서 열 살짜리 주인공이 친구들의 놀림을 받고 울자 아버지가 이렇게 말하는 거야. "친구? 그 애들을 먹을 것도 없이 일주일만 가둬두면 그땐 친구란 게 뭔지 알게 될 거다." 친구라는 게 생존 앞에서는 아무 소용이 없단 얘기지. 평소에는 잘 지내도 결정적인 순간에는 도움이 안 되더라는 거야. 이해가 가지. 아우슈비츠 같은 죽음의 수용소에서 친구 대신 죽어줄 수 있는 사람을 찾을 수 있을까?

좀 다른 이야긴데, 이것도 2차 대전 때 아우슈비츠에서 있었던 실화야. 아무리 전시 상황이고 수용소라 해도 서양 사람들의 관습이 있으니까 오후 4시쯤엔 티타임이 있었대. 그 멀건 차를 대부분은 허겁지겁 받아서 마셨지. 하지만 어떤 사람은 절반만 마시고 나머지 절반으로는 손이나 몸을 조금이나마 씻었다는 거야. 최소한의 인간적인 품위라도 지키겠다는 거지. 그런데 묘한 것은 생존의 본능에 충실해 차를 몽땅 마셔버린 사람들보다 조금이라도 인간적인 체모를 돌본 사람들이 결과적으로 더 생존율이 높았다는 거야. 짐승처럼이라도 살려는 사람보다 당장 죽더라도 인간으로서 살겠다는 사람이 더 많이 살아남았다는 거, 삶의 아이러니지.

고성국　죽음과 삶이 공존하는 그런 상황이라 해도 인간성은 말살되지 않아. 오히려 그럴수록 사랑이나 우정에 대한 욕망이 간절해지지 않을까?

남경태　그래. 인류의 역사를 돌아봐도 극한의 상황에서 우정을 꽃피운 사례는 얼마든지 있으니까. 상황이 나쁘다고 비관할 필요는 없을 거 같아. 너무 암울한 얘기만 했나? (웃음)

　그럼 이쯤에서 평소 궁금했던 걸 묻고 싶은데 바로 사랑과 우정 사이, 남녀 간에도 우정이 가능한가 하는 문제야. TV 드라마나 유행가 가사에 나오는 질문 같지만 정말 흥미로운 주제 아니야?

사랑과 우정 사이

고성국　요즘도 간혹 남녀 사이에 우정이 가능할까 하는 문제로 논쟁이 벌어져. 그런 게 어디 있느냐 하는 사람부터 동성보다 깊은 우정이 가능하다고 말하는 사람까지 다양한 의견이 있어. 나는 남녀 간 우정이 가능하다고 생각하는 쪽이야. 다만 조건이 붙지. 남녀 사이에 우정이 가능하려면 서로를 관조할 수 있어야 해. 정념에 휩싸이면 우정을 유지하기가 쉽지 않거든. 어느 쪽이든 정념이 앞서면 괴로워지는 거지. 친구라는 게 서로 이해하는 관계지 뭔가 참아야 하는 관계는 아니거든. 그래서 나는 남녀 간에도 우정이 가능하다, 하지만 정념이 앞서는 젊은 시절에는 쉽지 않다고 보는 거야.

남경태 남녀가 서로 중성적으로 바라보아야 친구가 될 수 있을 텐데, 과연 그럴 수 있을까?

고성국 나이가 들면 상대적으로 쉬워져. 어느 정도 자기 정열과 정념을 통제할 수 있는 시기가 오거든. 그러면 남녀 간에도 아름다운 우정을 나눌 가능성이 좀 더 커지겠지.

남경태 근데 거기서 두 가지의 의문이 드는 게, 우선 이성 사이에는 '섹스'라는 문제가 끼어들잖아. 그렇다면 이게 우정과 사랑을 가르는 기준이 되느냐는 거야. 즉 섹스만 안 하면 이성이라도 친구인가? 반대로 섹스를 했다고 해서 친구가 아닌가? 하는 의문. 다른 하나는, 굳이 성욕 때문이 아니라 하더라도 즉, 섹스라는 문제를 빼놓더라도 동성 친구와 이성 친구 사이에는 분명 차이가 있는데 그건 과연 어디에서 올까 하는 거야. 그것 역시 인간의 근원적 욕구와 관련된 것일까 하는 의문이지.

고성국 뒤엣것부터 말하자면, 같은 친구라고 해도 성적 차이가 주는 느낌은 분명히 있지. 하지만 나는 그것이 성적 욕망에서만 비롯된다고는 보지 않아. 예컨대 여성은 남성과 다른 측면이 있잖아. 좀 더 감성적이고 좀 더 관계 지향적이지. 그런 것들이 인간적인 호감과 신뢰를 줄 수 있어. 그걸 성적 매력이라고 한데 묶어서 생각할 수도 있겠지만, 그것과는 구별되는 어떤 인간적인 끌림으로 생각할 수도 있지 않을까?

첫 번째로 말한 이성 간의 우정과 섹스의 문제를 보면, 섹스라는 게 정말 동물적 의미라면 모르겠는데, 사랑을 수반하는 경우라면 그건 우정에서 사랑으로 가는 과정이라고 봐야 하지 않을까. 아, 우린 섹스를 했으니 이젠 친구가 아니야 하면서 서먹해하기보다는 자기감정을 솔직히 돌아보고 좀 더 발전적인 관계로 가져가는 계기로 삼는 게 현명하다는 거지. 그러면 섹스의 유무로 우정이냐 사랑이냐를 따지는 게 무의미해져. 사랑 없이 동물적 욕구만 채우는 관계가 오래갈까? 가능하다 해도 그게 무슨 의미가 있을까? 마찬가지로, 섹스를 했다고 해서 우정이 깨졌다고 생각하는 게 현명한 일일까?

남경태　그래, 분명 남자와 여자는 인간적인 관계를 맺는 데 차이가 있더라고.

고성국　감성이 다르니까. 물론 개인 차이도 있겠고. 그 다름을 서로 인정하고 이해하고 즐기면 정말 좋은 친구가 될 수 있거든. 내가 모르는 것, 내가 느끼지 못하는 것을 내 친구를 통해서 느낄 수 있단 말이야. 남자 친구들은 다 비슷하잖아. 그래서 나는 자기 정념을 통제하고 상대와의 차이를 인정하면서 이성 친구를 만들어가는 게 굉장히 좋은 일이라고 생각해. 그리고 그만큼이나, 내가 사랑하는 사람과 친구처럼 지내는 것도 훌륭하다고 생각하지.

우리가 흔히 '친구 같은 부부'라고 말하잖아. 서로의 역할, 바깥일, 집안일에만 매달리는 게 아니라 친구처럼 서로를 이해하고 관조하는 관계, 동지적으로 뭔가 뜻을 같이하는 그런 관계 말이야. 그렇게 지내는 친구들을 보면 참 부럽다니까.

정념은 시간이 가면 식을 수 있잖아. 나이가 들면 부부 관계도 시들해지고 그러다 보면 서로 애정이 식었나? 하는 생각을 하게 되거든. 그럴 때 변함없는 사랑을 확인하려고 섹스에 집착하기보다는 과거와 미래를 함께하는 친구로서 인생 파트너로서 우정과 인간적 교감을 나누는 게 필요하다는 거지.

남경태　그러면 그건 그냥 친구하고 다를 바가 없잖아.

고성국　아니지, 사랑이라는 게 꼭 섹스를 전제로 하는 건 아니니까. 그건 사랑의 한 부분이지. 게다가 생물학적으로 인간은 생식 능력이 떨어지게 되어 있어. 어느 시점이 되면 더 이상 섹스를 할 수 없게 되는 거야. 시기적으로 개인차가 있을 따름이지. 누구나 그 순간을 맞게 돼. 그렇다고 해서 그들이 부부가 아니라고 말할 순 없거든.

남경태　내 말은 섹스를 안 해서 친구라는 게 아니라 일상적인 교류가 그냥 친구 관계보다 특별할 게 뭐가 있느냐는 거지. 사랑하는 사람이라면 그것과는 다른 뭔가가 더 필요한 게 아닐까?

"나는 자기 정념을 통제하고 상대와의 차이를 인정하면서 이성 친구
를 만들어가는 게 굉장히 좋은 일이라고 생각해. 그리고 그만큼이나,
내가 사랑하는 사람과 친구처럼 지내는 것도 훌륭하다고 생각하지."

_고성국

고성국   일상생활을 같이한다는 게 얼마나 큰 건데. 그러니까 내 제안은 사랑하는 사이라면 거기에 친구 같은 관계의 장점 즉, 서로를 소유하지 않으려는 마음, 상대를 인정하고 배려하고 관조하는 우정을 더해보자. 그래서 관계의 폭을 넓히고 사랑이 식었을 때, 더 이상 정념이 남아 있지 않을 때를 대비하자는 얘기지. 사랑의 시작이 정념일 수는 있어도 마지막까지 남는 건 인간적인 이해와 신뢰 아니겠어.

남경태   꼭 섹스만 놓고 따지자는 건 아니었어. 다만 이성과 사랑의 차이, 그것들이 갈라지는 지점이 궁금했던 거야.

고성국   젊은 시절에는 사랑이냐 우정이냐를 놓고 고민하는 것보다는, 어쩌면 그건 영원히 풀리지 않을 수수께끼 같은 것일 수도 있으니까, 현실적으로 내 삶을 풍요롭게 할 인간관계를 만들어가는 데 삶의 에너지를 집중해보자, 그런 얘기야. 섹스냐 아니냐, 사랑이냐 우정이냐가 아니라, 내 마음을 잘 들여다보고 그것이 사랑이라고 생각되었을 때 그 앞에서 주저하지 않는 것, 성적 차이에 집착하지 않고 정말 좋은 사람이 있다면 인간적인 우정을 나누고자 노력하는 것, 이런 게 필요하다는 거지. 이건 사랑이야, 이건 우정이야 하면서 관계를 피해 갈 핑계를 만들려고 해서는 안 된다고 생각해.

우정은 '계산'하지 않는 것

남경태 자, 그러면 우정의 문제로 돌아가서 질문을 하나 할게. 형은 자기랑 닮은 친구가 좋아, 아니면 자기와 완전히 다른 친구가 좋아? 사실 부부 사이도 그렇고 서로를 보완해주는 사람을 선호하잖아. 나는 어릴 때 나랑 성향이 비슷한 친구를 좋아했거든. 그러다가 사회생활을 하면서는 자기랑 완전 성격이 다른, 반대편에 서 있는 사람들과 사귀게 되었지. 아마도 내가 가지지 못한 걸 가졌다는 사실에 끌렸나 봐.

고성국 내 경우는 좀 남다른데, 어렸을 때 어머니가 자꾸 누군가를 친구로 맺어주려고 했어. 마찬가지로 다른 집 부모님이 우리 애랑 친구하라며 나를 소개해주기도 했고. 그런데 그런 아이들과 친구가 된 적은 한 번도 없어. 대부분 내가 선택한 애들과 친구가 되었지.

남경태 친구도 인연인데, 억지로 인연을 만들려고 하면 되나.

고성국 그래, 나는 정말 교우 관계만큼은 자기 의지대로 해야 한다고 봐. 그래야 스스로 관계에 책임을 질 수 있잖아.

남경태 그래서 형은 주로 어떤 친구들을 사귀었어?

고성국 한마디로 얘기하면 '매력'을 가진 친구들이지. 말로 설명하기는 어렵지만 자꾸 나를 잡아끄는 면이 있었던 거 같아. 동성이건 이성이건 뭔가 같이하고 싶은 생각이 들게끔 했다는 거야. 그래서 내가 먼저 다가가 "야, 친구 하자." 이럴 수 있었지.

남경태　그건 형이 매력 있는 사람이라서 그런 거고. (웃음) 내 경우는 어릴 때 이상하게 차이가 나는 사람은 잘 안 만나게 되더라고. 그런데 주위를 둘러보니 나와 다른 케이스가 많은 거야. 성격도 다르고 행동도 다르고……. 그래서 '쟤들은 어떻게 저렇게 친하지?' 하면서 신기해했던 거 같아.

고성국　자기네들끼리는 매력을 느끼는 거야.

남경태　그렇겠지. 그런데 나처럼 사교성이 없는 사람은 그러기가 쉽지 않았던 거야. 일단 나랑 다른 사람한테는 다가서기가 어려웠어. 공통점을 찾기도 쉽지 않았고. 아마 내가 사교성이 없다고 말하면 동창생들이 이상하게 여길지 모르겠네. 겉으로 보면 내가 말하기 좋아하고 쾌활한 사람처럼 보이거든. 하지만 속으로는 항상 관계에 부담을 느꼈어. 지금도 그렇고. 학년이 바뀌고 새 학기가 되면 처음에 반 아이들이 낯설잖아. 그래서 버스 안에서 우연히 우리 반 아이를 만나면 내가 먼저 말을 걸곤 했어. 그걸 보고 친구들은 내가 유쾌하고 서글서글한 친구라고 여기는 거야. 실은 어색함을 견디지 못한 것뿐인데.

고성국 나도 마찬가지야. 초등학교 생활 기록부에 보면 사회성도 없고 사교성도 없다고 적혀 있거든. (웃음) 재랑은 정말 친구 하고 싶은데 괜히 부끄럽기도 하고 해서 말도 못 붙인 적도 있다니까. 그러나 재가 날 싫어하지는 않을 거란 믿음은 있었지. 그래서 어렵게나마 다가갈 수 있었던 거 같아. 1년 동안 한 반에서 생활하다 보면 이래저래 부딪히잖아. 그러다 보면 감이 잡히지. 재가 나한테 호감이 있어 보여, 아니야 재는 왠지 나를 미워할 거 같아, 이걸 못 느낄 수가 없는 거야. 그러다 보면 자연스레 친구가 되거나 소원해지거나 하겠지. 누구에게나 친구를 가질 기회는 있다는 얘기야. 다만 한 가지, 시간을 낭비하지 않으려면 먼저 다가가라는 충고는 하고 싶어. '거절당하면 어떡하지.' 하면서 뒷걸음질치지 말라는 얘기야. "야, 내가 그동안 쭉 지켜봤는데 너 맘에 든다. 너랑 친구 하고 싶다." 할 때 싫다고 할 사람은 아무도 없어. 남녀 관계라면 좀 더 신중해야겠지만 적어도 동성 간에는 얼마든지 그렇게 먼저 다가가야 한다고 생각해.

남경태 이성 친구는 아니었지만 예전에 내가 매력을 느낀 친구가 있었는데, 이 친구가 말 못할 사정이 있어서 우리 집에서 일주일을 보낸 적이 있었어. 그때 내가 아주 잘해줬거든. 근데 지나고 나니 뭔가 그 친구에게 이용당했다는 생각이 드는 거야. 스무 살이 넘었을 때니까 어린 나이도 아니었는데 내겐 아주 큰 고민이었어. 별거 아닌 일에 내가 너무 힘들어하는 건 아닌가? 친구끼리 그 정도도 못 해주나? 하는 생각도 들었지만, 한편으론 친구 사이라고 해서 내게 이렇게 대

해도 되나, 하는 마음이 있었거든.

고성국　　그런 고민 자체가 친구로서의 진정성이 서로 간에 없었다는 증거라고 생각해. 실제로 그 친구가 상대를 이용했건 아니면 오해를 했건 간에 상호 신뢰가 있었다면 그런 갈등은 금세 사라졌겠지.

남경태　　형 얘기대로라면 내가 걔를 친구로 생각하지 않았을 수도 있다는 거네. 아마 그럴 거야. 그런데 살다 보면 현실적으로 따지게 될 때가 있잖아.

고성국　　물론 사람이니까, 나도 모르게 그렇게 될 때가 있어. 그런데 그럴 경우는 둘 중의 하나야. 원래부터 친구가 아니었거나, 내가 마음 깊이 친구로 받아들이고 있지 않거나. 우리가 사는 사회에서 인간관계 대부분은 계산적이잖아. 친구는 그 계산에서 벗어나 있는 존재야.

남경태　　상대적인 거지. 그 친구도 나와의 관계를 계산적으로 생각했는지도 모르고. 그런데 문제는 내가 그 친구를 너무 좋아했다는 거야. 계속 친구로 두고 싶었거든. 그래서 상처가 더욱 컸던 거지. 그 친구는 지금도 가끔 만날 일이 있는데, 아직 그런 내밀한 감정을 몰라. 적어도 나처럼 생각하거나 나 같은 인간형은 아닌 거지.

고성국　　그러면 관계가 깨지지. 그걸 막는 방법은 간단해. 그 친구에게

날 이용하지 말라고 말하는 게 아니라, 내가 스스로 이용당했다는 생
각을 버리는 거야. 객관적으로 어땠는지는 중요하지 않아. 친구는 계
산 밖에 있는 존재니까. 내가 계산하지 않으면 어쨌든 나는 개를 계
속 친구로 둘 수 있잖아. 그러지 않으면, 계산을 하기 시작하면 더는
친구일 수가 없어, 그런 척은 할 수 있겠지만.

남경태 그래 그 순간 이미 친구가 아니었던 거야. 그래서 더 실망이
컸던 거지. '아, 내가 원하던 관계가 고작 이 정도였다니.' 하면서 말
이야.

고성국 그걸 해결하는 방법은 '내가 언제부턴가 손익을 따지기 시작
했구나.' 하고 반성하며 계산하기를 멈추는 거야.

남경태 그건 그 친구도 마찬가지 아닐까? 그 녀석이 나를 친구로 생
각했다면 나에게 그런 상처를 주지 않았겠지? 물론 상처를 준 것도
모르겠지만. 정말 나는 그 친구를 좋아했거든. 그럼 그때 상처받은 내
마음을 솔직히 알리고 좀 더 노력을 했어야 하는 걸까. 하지만 그때
는 참 어렵더라고. 한편으로는 왜 나만 이런 고민을 해야 하지? 이런
생각도 들고.

고성국 그래서 진정한 친구를 사귀기란 힘이 든다는 거야, 사람이 살
아가면서 평생 한두 명의 진정한 친구를 얻었다면 성공적이라고 말

할 수 있을 정도로.

남경태　　진심으로 다가서면 진정한 친구를 얻고 계산적으로 다가서면 계산적인 친구를 사귀게 되겠지. 그렇다고 해도 현실에서의 친구 관계를 따질 때 '계산'이라는 걸 아주 배제할 순 없다고 생각해. 그러지 않으려고 노력은 하지만 인간이 완전한 존재가 아닌데…….

고성국　　그러니까 노력해야지. 서로의 부족함을 이해하고 열린 마음으로 관계를 지속해나가려는 노력. 계산해봐야 나만 마음이 불편하잖아. 관계에서 손익을 따지고 하다 보면 끝이 없어. 그럴 바에야 문제를 함께 풀어가는 방향으로 관계를 가꾸어가자는 얘기야. 굳이 계산하자면, 그게 남는 장사지. (웃음) 당장의 이해관계에 연연하기보다 지금의 손해를 감수하고 내 인생에 진정한 친구를 만드는 게 더 큰 이득 아니겠어?

남경태　　사실 그렇지. 내가 늘 타산적이어서 지금도 친구가 없나 봐. (웃음)

고성국　　사람은 누구나 고독하고 외로우니까. 누구나 마음 깊은 곳에서는 나를 이해해주는 진정한 친구, 진정한 동반자를 원하잖아. 그 대상이 가족일 수도 있고 타인일 수도 있지. 부부 사이가 그렇다면 정말 행복하지 않겠어? 아이들과 그런 교감을 할 수 있다면, 그래서

"세상에서 가장 친한 친구는 내 아빠예요"라고 말하는 아들이나 딸이 있다면 그거야말로 행복이지. 하지만 이 역시 쉬운 일이 아니잖아. 가족끼리도 어려운데 피 한 방울 안 섞인 남하고 이해관계를 넘어서 서로를 완전하게 이해하면서, 등도 두드려주면서 어깨동무하면서 인생을 같이 갈 수 있겠어? 그러니까 처음부터 욕심을 내서는 안 돼. 자만해서도 안 되고. 죽을 때까지 한 명이라도 진정한 친구를 얻는다면 그건 성공한 인생인 거고 그럴 수 있다면 그건 끊임없는 노력의 결과인 거야.

살면서 만났던 무수한 사람들을 상대로 우정을 만들어가려고 노력했고 그 결과 하나의 진정한 친구를 얻었다, 그래서 나의 삶은 행복한 삶이었다, 이렇게 되는 거라고. 결국 좋은 친구를 두어야 한다는 말은 그걸 위해 노력하는 삶을 살라는 얘기와 같아. 말하자면 관용적이고 성찰적이고 여유 있는 삶을 추구하라는 것이지.

역사를 바꾼 세기의 우정

남경태　아는 사람 중에 그런 좋은 친구를 가진 사람이 있어?

고성국　역사적으로 알려진 사람들도 꽤 있잖아. 대표적으로 마르크스와 엥겔스를 들 수 있지 않을까? 평생을 정신적 동지로 살았잖아.

남경태　〈스파르타쿠스〉라는 영화를 보면 로마군이 반란을 일으킨 노예들을 포로로 잡은 다음 주동자를 알아내려고 누가 스파르타쿠스냐고 묻잖아. 그때 노예들이 하나씩 일어나면서 "내가 스파르타쿠스다!"라고 외치지. 눈물 나는 장면이었어. 또 유명한 일화로 그리스의 다몬과 피시아스의 우정이 있잖아. 교수형을 당하게 된 피시아스가 부모에게 마지막 인사를 하고 오겠다고 하자 왕이 허락하지 않지. 그때 피시아스의 친구 다몬이 만약 피시아스가 돌아오지 않으면 자기가 대신 교수형을 받겠다고 하지. 사람들이 어리석다고 조롱하고 피시아스가 약정된 기일에 돌아오지 않는데도 다몬은 친구를 굳게 믿어. 며칠 뒤 교수형이 집행되기 직전에 피시아스가 간신히 돌아와 서로 끌어안고 울지. 만들어진 이야기 같지만 감동적인 건 사실이야. 왕이 이렇게 말하잖아. "내 모든 것을 다 주더라도 이런 친구를 한번 사귀어보고 싶구나."

고성국　동양에는 춘추 전국 시대 제나라의 관중과 포숙의 '관포지교管鮑之交'가 있잖아. 그들 사이엔 그 어떤 '계산'도 없었어. 오로지 상대에 대한 깊은 이해와 신뢰가 있었을 뿐이지.

남경태　서로가 서로의 장점을 알아주고 지지해주는 거지.

고성국　중요한 것은 진정한 친구는 그러한 역할, 즉 지지자가 되기를 마다하지 않는다는 거야. 그런데 이게 단순히 겸손만으로 되는 것이 아니라, 자기 자신에 대한 성찰적 이해가 전제돼야 해. 내 그릇은 이 정도다. 나라를 구하는 데는 내가 아니라 관중의 능력이 더 필요하다. 포숙은 그렇게 본 거잖아. 관중이 비열한 행동을 하고 돈도 밝히지만, 포숙은 관중의 그런 면조차 다 이해하고 변명해주었거든. 관중은 나중에 제나라를 춘추 시대 최고로 부강한 나라로 만드는 데 혁혁한 공을 세우지. 그런 친구의 가능성을 포숙은 보았던 거야. 통찰이 있었던 거지. 엥겔스의 경우도 그래. 자기가 부쳐준 돈을 자식들 귀족 학교 보내는 데 쓰는 걸 알면서도 아무 불평 없이 계속 마르크스를 지원했잖아. 엥겔스는 이를 비난하기는커녕 외려 마르크스는 그럴 만한 자격이 있다고 말하지.

남경태 　내가 누구보다 존경하는 역사적 인물이지만, 인간적으로만 보면 마르크스도 그리 훌륭한 인격의 소유자는 아니었던 모양이야. 짜증도 잘 내고 엥겔스에게 무리한 요구도 하고. 다만 학자로서 혁명적 사상가로서 뛰어난 사람이었지. 그렇게 보면 마르크스와 엥겔스의 교제는 역사적으로도 훌륭한 결합이었다고 볼 수 있어.

고성국 　우리 역사에서 김춘추와 김유신의 우정도 빼놓을 수 없는 예이지. 김춘추는 진골이니까 신분만 놓고 보면 정상적으로는 왕이 되기 어려운 사람이었고, 김유신은 육두품 출신이니까 아예 꿈도 못 꿀 처지였지.

남경태　결국 김춘추는 왕이 되었잖아.

고성국　김유신과 약속을 하지. 왕은 김춘추 집안에서 하고 군 사령관은 김유신 집안에서 하기로 말이야. 이 약속은 무려 5대에 걸쳐서 지켜지거든. 이건 역사적으로도 유례가 없는 거야. 김춘추 집안에서 왕이 5대까지 나왔어. 그때 김유신 집안에서 장군을 하도록, 김춘추 집안이 약속을 지켜준 거지. 6대째 왕이 김춘추 집안이 아닌 다른 집안에서 나오면서 김유신 집안도 같이 망하거든. 그 긴 시간 동안 두 사람의 우정과 동지적 결속이 대대손손 이어졌다는 사실은 참으로 대단한 거야. 그 시기가 딱 통일 신라 전성기야. 이 약속이 깨지면서 통일 신라가 후기 혼란기로 접어들게 되거든. 지도자의 약속과 우정, 그리고 국가적 부흥이 상관관계에 있었다는 건 시사하는 바가 크지. 이 부분은 오늘날에도 되새겨볼 만한 소중한 역사적 경험이야.

정의냐 우정이냐

남경태　그런데 여기서 또 하나 생각해볼 게 있어. 친구라는 게 결국은 사적인 관계잖아. 그런데 공적인 일을 할 때 그런 사적인 관계의 영향을 받아도 되는 걸까? 공적인 일이라면 주로 공직자에 해당하겠지만 그 외에도 사사로운 측면을 배제해야 하는 분야가 많잖아. 예컨대 친구를 통해 경쟁 회사의 정보를 캐낸다거나, 좀 더 좋은 조건으로 계약할 수 있도록 힘을 쓰게끔 요구한다면 어떨까? 사람 관계를 이용하는 걸 당연하다고 여기는 사람들이 많지만 엄밀히 따지면 부정 아닐까? 그러면 누군가는 손해를 보게 될 테니까.

　어떤 일이든 개인의 재량이라고 하는 것은 보편적으로 존재해. 이를테면 합리적인 사회로 여겨지는 미국도 자세히 들여다보면 인적 네트워크에 의해서 움직인다고. 아버지와 아들이 대통령을 지낸 부시 집안은 매년 봄과 여름, 두 차례 파티를 해. 지인들을 자기네 별장에 불러 손님을 접대하지. 대통령을 지낸 사람이 직접 앞치마를 두르고 바비큐를 접시에 담는 장면을 보면서 아, 미국도 사적인 네트워크가 굉장히 강한 사회로구나 하고 깨달았지. 미국 국민들이 대체로 용인하는 엘리트주의가 있어. 우리만 그런 게 아니라는 거야. 물론 사내 정보를 빼돌리거나 경쟁사의 입찰 내용을 미리 알려준다거나 하는 건 명백한 범죄 행위지. 이런 사적인 욕심에서 비롯된 범죄를 어느 사회에나 존재하는 인적 네트워크의 폐해로 보기에는 무리가 있지 않을까?

　그러면 예를 들어, 똑같은 조건을 제시한 하청 업체 중 한 군데를 선택해야 하는데, 그중 한쪽에 나와 절친한 친구가 있다면? 당연히 그쪽을 선택하고 싶겠지. 실제로 이와 같은 일이 생겼을 때, 법적으로든 아니든 문제가 없다고 할 수 있을까?

 그렇지. 그건 자연스러운 거잖아. 인지상정이야. 어떤 사람은 오해를 피하기 위해 일부러 다른 업체를 선택한다고 하는데 그건 좀 지나치지. 너무 작위적이고.

 조건이 똑같을 경우는 그렇다고 할 수 있어. 하지만 문제는 그 '조건'에 대한 평가가 과연 공정할 수 있을까 하는 거야. 냉철하고 객관적으로 평가해야 하는데 한쪽에 친한 친구가 있다면 아무래도 영향을 받지 않겠어?

 그럴 경우, 현명한 친구라면 자기는 선정 작업에서 빠지겠지. 진짜 서로를 위한다면 친구가 있는 업체를 심사하는 일을 하지는 않을 거야. 마찬가지로 하청 업체에 있는 사람은 그 건을 친구에게 알리려 하지 않겠지. 서로 입장이 곤란해질 수 있으니까.

 그래서 "친구에게 빚보증은 요구하지도 말고 서주지도 말라"고 하는 건가 봐.

 그건 '보증'이라는 제도 자체가 잘못된 거고. (웃음) 금융 기관의 횡포야. 내가 돈을 빌리는데 왜 다른 사람까지 끼어들게 하냐고.

 그 사람의 인간관계를 담보로 하는 거지.

고성국　보증제 자체가 현대판 연좌제인 거야. 실제로 친구 빚보증 섰다가 신용 불량자가 된 사람들이 많아. 이건 반대로 공적 관계가 사적 관계에 끼어든 경우야.

남경태　근데 진짜 친한 친구가 와서 보증을 서달라고 하면 거절하기가 참 어려워. 위험한 걸 알면서도 어쩔 수 없는 경우가 있다고.

고성국　그럴 땐 각오를 해야지. 정말로 이 친구가 빌린 돈을 못 갚게 되었을 때, 그 돈을 내가 갚겠다는 마음으로 보증을 서야 한다는 거지. 그렇지 않으면 아예 서질 않는 게 좋아.

남경태　마음속으로는 최악의 상황을 그려놓고 있어야 한다는 거군.

고성국　그렇지. 그 돈 날려도 좋다, 이런 판단을 스스로 해야 해. 친구한테 물어보고 할 수는 없으니까.

남경태　보통 사람으로선 쉬운 일이 아닐 거야. 처음엔 어려운 사정 때문에 부탁하는 친구에게 잇속을 따진다는 게 미안하다가 나중에는 원망하게 돼. 왜 이 친구는 나를 시험에 들게 하나, 하는 생각도 들고.

고성국　그래서 생각을 간단하게 정리하는 게 좋아. 친구가 빌린 돈을 내가 대신 갚아줄 상황이 됐을 때, 후회 없이 원망 없이 그럴 수 있을까. 이걸 자기 스스로한테 물어보고 결정하라는 거야. 이건 친구를 믿느냐 아니냐 하는 문제가 아니야. 바로 자신의 문제지. 내가 우정에 대해 말할 때 강조하고 싶은 것도 바로 이점이고.

가까울수록 지켜야 하는 것들

남경태 ____ 이건 좀 다른 얘긴데 살다 보면 친했던 친구와 헤어지는 일이 생기잖아. 꼭 보증을 잘못 서서 그런 건 아니고. (웃음) 어떤 친구는 매번 티격태격하면서도 오래가는데 어떤 친구는 잘 지내다가 한 번 크게 싸우고는 절교하게 된단 말이지. 왜 그럴까?

고성국 ____ 믿음이 클수록 상처가 크니까.

남경태 ____ 그래. 데면데면한 친구가 오히려 오래간단 말이지. 싸우기도 많이 싸우지만 금방 회복이 되고 그래. 근데 상식적으로 내가 친하다고 생각하는 친구 역시 그래야 할 텐데 안 그렇단 말이야. 심하게 다투고는 다시 안 봐. 물론 상처가 더 커서 그렇겠지만 우정이 깊을수록 쉽게 깨질 수 있다는 게 모순적으로 느껴지더라고.

고성국 ____ 우정은 유리 같은 거야. 굉장히 조심스럽게 다뤄야 해. 보통 우정을 서로가 믿는 거로 생각하고 그래서 함부로 해도 된다고 오해하잖아. 그러다 보면 사소한 일에도 틈이 생기게 되는 거야.

남경태　진짜 친해지면 그렇게 되잖아. 서로 편하니까. 그리고 또 친하면 그래야 하는 거 아닌가? 앞에서 내가 말한 것처럼 진짜 친하다면, 갑자기 내가 쌍욕을 퍼붓거나 뜬금없이 돈을 빌려달라고 해도 이해해줘야 하는 거 아닌가?

고성국　외려 가까울수록 지켜야 하는 게 많은 거야.

남경태　그러고 보면 친구 사이도 마냥 편한 건 아니네.

고성국　그 속에서 편안함을 느낄 수 있어야 해. 충분히 예의를 갖추고 상대방을 배려하고 그래서 관계 자체가 굉장히 기분 좋고, 즐겁고, 편안해야지. 같이 있으면 왠지 모르게 마음이 놓이고 그런 게 우정이거든. 그러니까 우리는 우정이라는 것에 대해 뭔가 오해를 하고 있는 거야. 친한 친구라면 서로 욕하고 버릇없게 하고 뭐든지 얘기해도 다 되고. 이런 걸로 알고 있지. 그건 우정이 아니야. 그런 면에서는 자기관리가 필요해. 옛날에 우리 선조들이 그랬어. 그런 우정을 배워야 한다고.

남경태　하긴, 옛날 선비들은 친한 친구끼리 존칭도 썼다고 해.

고성국　　『논어』에 나오는 "붕우자원방래 불역낙호(朋友自遠方來 不亦樂乎)"라는 말이 있어. 뜻을 풀이하면 "먼 곳에서 벗이 왔으니 어찌 반갑지 아니한가"라는 말이지. 친구가 멀리서 온 거야. 요새처럼 교통도 편하지 않을 때, 오로지 나를 보기 위해서 말이야. 말을 타고 왔겠지. 몇 달을 걸어서 왔을 수도 있고. 이렇게 와서 둘이서 무슨 재미난 게임을 하는 것도 아니야. 만난 첫날 시 한 수 서로 주고받고, 술 한 잔 받아주고, 그것이 인생의 즐거움이라는 거지. 우정은 이런 것이야. 그렇게 한번 만났다가 헤어지면서, 수십 년 만에 만났어도 어제 만난 것 같은 그런 우정을 서로가 확인하고 나누는 거지.

남경태　　들다 보니 고풍스러운 느낌이 드네. 하지만 옛날에도 저잣거리에서 멱살 잡고 싸우면서 키우는 그런 우정도 있지 않았을까? 서로 예의를 갖춰 대하고 시를 적어 나누는 건 말하자면 선비들의 우정인 거고, 약간 상스럽긴 하지만 낮은 곳에서 어울려 뒹굴면서 키워가는 우정도 있을 거고.

고성국　　상황은 다르지만 서로를 배려하는 마음은 같지 않았겠어. 옛날 양반들의 예를 든 건 서로에게 정중해야 한다는 걸 말하기 위한 거고.

남경태　　배려라는 게 꼭 형식적인 걸로만 볼 수는 없지 않을까? 중요한 건 그 안에 있는 사람의 마음이라고 봐. 존칭을 써가며 서로를 배려할 수도 있고 비록 늘 욕은 주고받지만 실은 더 애틋한 마음을 담고 있을 수도 있는 거고. 친구는 둘 사이의 관계니까 어떤 식으로 우정을 쌓든 다른 사람이 뭐랄 수는 없는 거 아냐.

고성국 그렇지. 중요한 건 그 안에 담긴 마음이겠지. 그래서 정말 친구라면 어려울 때 제일 먼저 달려가고, 친구가 돈이 필요해서 보증을 요구할 때 얼마 안 되는 돈이라도 건네면서 "인마, 걱정 마." 이렇게 하라는 거야. 말 표현이나 액수가 중요한 게 아니라 그런 배려의 마음을 가지라는 거지.

덧붙여서 하나 더 말하고 싶은 게 있어. 우정에는 시간이 필요해. 어릴 때부터 쌓이고 숙성이 돼야 하니까. 그럼 다 커서는 친구를 못 만드나? 물론 그렇지는 않지. 나이 먹어서도 어떤 계기를 통해 새롭게 우정을 발견하고 만들어갈 수 있어. 인간관계라는 게 도처에 있는 거니까. 주변을 돌아보자고. 가족을 빼면 다 타인들이잖아. 타인이라는 건 친구가 될 수도, 적이 될 수도 있다는 거야. 긍정적으로 해석하자면 잠재적인 친구들이지. 직장 생활을 같이 하거나 취미 생활을 같이 하거나 종교 생활을 같이 하거나, 그 많은 만남 속에 진정한 친구가 숨어 있는 거라고.

남경태 그래. 지금의 관계에 얽매여 있을 필요는 없어. 인간관계라는 게 무한한 가능성의 연속이니까. 어쨌든 지금까지 우리가 말한 건 특별한 의미에서의 친구 관계, 우정이었다면 이제 일상에서의 우정을

"배려라는 게 꼭 형식적인 걸로만 볼 수는 없지 않을까? 중요한 건 그 안에 있는 사람의 마음이라고 봐. 존칭을 써가며 서로를 배려할 수도 있고 비록 늘 욕은 주고받지만 실은 더 애틋한 마음을 담고 있을 수도 있는 거고." _남경태

"우정에는 시간이 필요해. 어릴 때부터 쌓이고 숙성이 돼야 하니까. 나이 먹어서도 어떤 계기를 통해 새롭게 우정을 발견하고 만들어갈 수 있어. 인간관계라는 게 도처에 있는 거니까." _고성국

살펴볼 수 있지 않을까. 지금까지 말한 친구보다 관계의 밀도는 떨어지지만, 낯선 사람보다는 친한, 그런 관계도 많잖아.

나를 버려야 진정한 친구를 얻는다

고성국 친구냐 아니냐를 명확히 따질 수 없는 그런 관계들이 많지. 예컨대 친한 직장 동료, 친한 거래처 직원 같은.

남경태 가끔 불러내서 술 마실 수 있는 사람, 1년에 한두 번 만날까 말까 한 동창도 그런 관계 중 하나라 할 수 있지. 때로 사람들은 그런 사소한 인연들도 놓치지 않으려고 애쓰거든. 그래서 아주 친한 친구도 아닌데 늘 챙기려고 애쓰잖아. 그런데 그게 정말 원해서 그런 경우도 있지만 때로는 인간관계에 대한 필요와 강박에서 비롯되기도 하는 거 같아. 굳이 비유를 들자면, 마치 접시돌리기처럼 말이지. 한 순간이라도 돌리기를 멈추면 접시가 떨어져버리잖아. 그러지 않으려면 돌아다니면서 계속 돌려야 하지. 인간관계도 그런 거 같아. 친하지는 않지만 곁에는 두고 싶은 마음 때문에 쉽게 끊지 못해. 그렇게 여기저기 돌아다니면서 '접시'를 돌리다 보면 어느 순간 회의가 들거든. 인간관계 피곤하다, 다 깨버릴까, 이런 생각도 들고.

고성국 그걸 온전한 친구 관계라고 할 수 있을까? 예컨대 해마다 연

말이 되면 각종 동창회, 동문회, 동기회 이런 거 하잖아. 그럴 때 만나는 사람들은 친해서라기보다는 어떤 목적을 갖고 있다고 봐야지. 1년에 한 번 보는 거야. 그동안 함께 지낸 것도 아니고. 그렇게 1년에 한 번 만나서 무슨 반성을 하고 무엇을 돌아볼까? 서로 공유한 게 없으면서 말이지.

남경태 누가 강요하는 것도 아닌데 그래도 가게 되거든. 아주 싫지도 않고 썩 내키지도 않는, 이게 참 묘한 거야.

고성국 안 가면 따돌림 당하는 것 같고.

남경태 그래도 친구는 친구잖아. 비록 서로 바빠서 1년에 한 번밖에 못 보는 사이라고 해도. 요즘처럼 서로 바쁠 때는 연말 모임도 하나의 계기가 되니까.

고성국 그러면서 얻어지는 이득이라는 게 있겠지. 그렇지 않고서야 단지 같은 학교를 나왔다는 이유로 때만 되면 한데 모여야 할 이유가 뭐겠냐고. 아까 말대로 '접시돌리기'를 다들 열심히 하고 있는 거야.

남경태 그래서 요즘 난 접시돌리기를 아예 하지 않기로 했어. 떨어질 접시라면 그냥 떨어지게 놔두는 게 낫지 않나 싶어서 말이야. (웃음) '내가 이 자리에 왜, 뭘 얻기 위해서 나와 있지.' 이런 자괴감이 들 때도 있고. 나는 성격상 어딘가에 속해 있는 걸 좋아하지 않아. 그래도 어쨌든 일주일에 한두 번씩은 보는 사람들이 있거든. 방송일로 만나는 사람들이 그런 경운데, 예전에 프랑크푸르트 도서전에 갔다 올 때 왠지 그 사람들에게 선물해야겠다는 생각이 드는 거야. 공항에서 작가나 피디에게 줄 선물을 고르는데 기분이 이상하더라고. 물론 아주 약소한 선물이었지만, 가족에게도 선물을 잘 하지 않는 내가 이런 짓을 하다니, 그렇다고 이 사람들이 가족보다 친한 건 아닌데, 하는 생각도 들고. 뭐 내가 선물로 아부를 할 입장에 있는 것도 아니고 말이야. 아무튼 일 관계로 만나는 사람들을 챙기려 드는 내 모습이 낯설었어. 소중한 사람들에게 더 잘해줘야 하는데 말이지. 그런데 살다 보면 그게 잘 안 되더라고. 외려 친한 사람들에게는 이해해주겠지 싶어서 넘어가고 소원한 사람들을 더 챙기게 돼. 나만 그런가? 내 생각엔 대부분 한 번쯤 그런 경험을 갖고 있지 않을까 싶은데. 왜냐면 직장생활을 오래 한 사람일수록 챙겨야 할 사람들도 많을 거 아냐. 하다 못해 집들이를 해도 형제자매들보다 직장 동료를 먼저 챙기잖아.

고성국　　굳이 잘 보이기 위해서라기보다는 의례적인 이벤트 아닐까? 안 하면 왠지 서운한.

남경태　　그래도 조금은 잘 보이고 싶은 마음이 있지는 않겠어.

고성국　　좋은 관계를 유지하고자 하는 기대감은 갖고 있겠지.

남경태　그런데 의외로 가까운 사람들에게는 소홀한 경우가 많다는 말이지. 대표적인 게 바로 가족, 특히 부부 사이잖아.

고성국　그렇지. 오히려 이해관계에서 벗어나 있으니까 신경을 덜 쓰게 되는 것 같아.

남경태　이미 내 친구다, 내 사람이다. 이런 생각 때문에 그런 거겠지.

고성국　열심히 '관리'해야 할 필요를 직접적으로 못 느낀다고.

남경태　의례적인 관계들에 에너지를 쏟다 보면 진짜 중요한 인간관계를 놓치게 돼. 아까 말한 송년회도 그렇잖아. 연말에 동창회다 뭐다 스케줄을 잡다 보면 아차, 하고 그냥 넘어가는 관계들이 너무 많아.

고성국　의례적인 모임들은 가급적 줄이는 게 좋아. 예컨대 동창회 같은 경우도 순수하게 친구 관계로 모였다고 보기 어렵잖아. 그럴 거면 그냥 몇몇이 만나면 되는 거지. 때로는 옛 친구 생각이 나서 가는 경우도 있지만 왠지 안 가면 따돌림 당할 것 같고 만나서 명함이라도 돌리면 사업상 이득이 될 것도 같고. 친구 관계에 뭔가 이해관계가 섞여 들어가는 거라고. 그리고 정말 친한 친구들이라면 1년에 한 번 집단적으로 술 마시고 헤어질 게 아니라 평소 소소한 모임을 통해 서로 살아가는 얘기도 하고 어려움도 나누고 그래야지. 직장 모임도 그래. 굉장히 형식적이잖아. 직원들 앉혀놓고 사장님이 한마디 하고 술 한 잔씩 돌리고 흩어지지. 무슨 의무감으로 하는 행사 같아.

  워낙에 우리 문화가 그렇잖아. 공적인 성격과 사적인 성격이 뒤섞여 있지. 공적인 조직에서 친소 관계를 따지고 사적인 관계를 공적인 모임으로 만드는 데 익숙한 거야. 그래서 동창회 같은 걸 하면 평소 친했던 친구를 만나도 어색해. 뭔가 공식적인 관계를 맺는다는 느낌도 들고 말이지. 나 역시 그런 문화에 회의가 들 때도 있어.

  그런데 한편 생각해보면 그 사람이 꼭 이해 타산적이어서 그렇다기보다 우리 사회가 그런 문화를 갖고 있기 때문인 거야. 그 안에는 공적인 조직 안에서도 사람 사이의 정을 느끼고 싶어 하는 개개인의 욕망이 있는 거고.

  자기가 필요한 사람을 먼저 챙기는 이기심일 수도 있어.

  그렇게 챙긴다고 해서 꼭 좋은 관계가 유지되는 것도 아닌데.

  문제는 그러면서 정말 소중한 사람에게 소홀하게 된다는 거거든.

  가까이 있으니까. 챙겨야 할 필요성을 잘 못 느끼고.

 그 관계에 금이 가면 자기한테 더 큰 일인데 말이야. 실제로 안이하게 생각하다가 정말 좋은 친구를 잃게 되는 경우도 많아.

 그래서 평소 관리가 중요하다니까. (웃음) 그리고 하나 더, 우정과 관련해서 강조하고 싶은 얘기가 있어. 앞서도 말했지만, 친구를 사귀려면 여행을 가보라는 거야. 두 명도 좋고 다섯 명도 좋아. 열댓 명씩 우르르 몰려다니는 거 말고, 그렇게 뜻 맞는 사람과 몇몇이 모여 최소한 일주일 이상 여행을 함께하면 각자에 대해 더 많은 것을 알 수가 있어. 여행을 통해 그 사람의 진면목을 보는 거지. 다녀와서 '아, 저 사람 정말 매력 있다. 친구 하고 싶다.' 이러면 마음을 열고 다가가는 거야. 여행이야말로 좋은 친구를 알아볼 훌륭한 방법이야.

 친구 후보에게 여행을 제안하는 것도 괜찮겠네.

 반대로 누군가 우리에게 여행을 함께하자고 할 수도 있겠지. 그땐 내가 어떤 사람인지 한번 돌아볼 일이야. 우정의 문제는 결국 친구가 아니라 나에게서 시작된다는 걸 잊지 말고.

 나를 내려놓지 못하면 결국 진정한 친구를 구하기가 어렵다는 말이군.

 그렇지.

2

자유를
내면화하라

자유

자유의 근원

남경태　영어에 '자유'라고 하는 말로 'freedom'과 'liberty'가 있잖아. 이 둘의 차이는 뭘까? 우리가 자유를 이야기하기 전에, 우선 그것부터 따져보자고. 내가 생각할 때 'freedom'은 좀 더 일상적이면서도 근원적인 의미의 자유로서 인간 삶, 인간 존재와 관련된 것 같거든. 반면 'liberty'는 정치적이고, 법적인 제도로서의 자유를 의미하는 것 같아. 물론 경계가 모호하지. 번역할 때도 구분 없이 양쪽 모두 '자유'로 옮기는 경우가 많고, 원서 자체에서도 혼용할 때가 있어.

고성국　'freedom'은 'free'의 명사형이잖아. 'free'는 무언가가 없는 상태를 뜻하니까, 어떤 존재의 여부와 관련된 개념이라고 봐야 되지 않을까.

남경태　예컨대 'smoking free'는 금연 장소 즉, 담배로부터 '자유'로운 상태를 의미하지. 'smoking free zone'이라고 되어 있는 푯말을 보고 담배를 자유롭게 피우는 구역이라고 잘못 해석하는 사람도 있다지만. (웃음) 'press freedom' 즉 언론의 자유는 정치적이고 법적인 의미가 있고. 그런데 그런 의미로는 'liberty'가 더 명확한 거 같아. 원래 해방한다, 풀어준다는 의미가 있잖아.

고성국　'사유'는 본원적인 자유에서부터 시작할 수밖에 없지. 내 경험이 그런 건지 모르겠는데, 인간에게 가장 본원적인 자유는 인신의 자유인 것 같아. 몸이 자유로워야지, 그렇지 못하면 아무리 정신이 자유로워도 인간이 참다운 자유를 누린다고 할 수 없다고.

남경태   맞아. 자기 몸을 자기가 마음대로 못하는데 어떻게 자유를 느낄 수 있겠어.

고성국   그래서 가장 본원적인 자유는 '인신(人身)의 자유'라고 생각해. 인신의 자유라고 하는 것은 내 존재가 유지될 최소한의 조건을 충족하고 있어야 가능한 거거든. 거기에는 생존의 자유까지도 포함되는 거지. 내가 내 몸을 유지할 자유, 내가 굶어 죽지 않고 살아 있을 자유. 내가 내 의지대로 몸을 움직일 수 있는 자유. 이걸 유지하려면 기본적인 생존 조건, 즉 먹고살 수 있어야 하는 거야. 이게 없다면 인신의 자유는 성립이 안 돼.

남경태   몸은 자유롭지만 먹고살 길이 없을 때, 넓은 의미에서 보자면 그것도 인신의 자유가 없는 거지.

고성국   그렇지. 김대중 정부가 북한에 식량을 지원하면서 그랬잖아. 빈곤으로부터의 자유도 중요한 인권이라고 말이지. 북한 인권을 떠들어대며 인도적 식량 지원을 비판하던 사람들에게 한 말이야. 맞는 말이지. 아프리카 난민들에게 가장 중요한 자유, 가장 중요한 인신의 자유란 곧 굶어 죽지 않을 수 있는 자유거든. 인간에게 먹고사는 문제를 해결하는 것, 그것이야말로 가장 원초적이고 본원적인 자유 아니겠어. 나는 '자유'에 대한 논의가 여기에서 시작돼야 한다고 봐. 지구상에는 절대 빈곤으로 고통 받는 사람이 10억 명에 가깝잖아. 그들에게 막연히 인신의 자유를 말하는 건 의미가 없어. 인신의 자유를 말할 때는 굉장히 구체적으로 가야 해. 내가 대한민국 국민으로 살아가는 이 시간에도 뭔가 부자연스럽고, 억압받는 느낌을 받는다면 자유롭지 않은 거야. 가장 이상적인 상태는 하루 24시간 동안 생활하면서 구속과 억압을 느끼지 않는 거잖아. 아침에 일어나서 밥을 먹고, 학교 혹은 직장에 가서 생활하고, 집에 돌아와서 가족과 함께 대화를 나누고 잠을 청하는 그 시간 동안 나는 정말 그 어떤 억압도 없이 자유로웠는가? 이런 생각을 해야 한다는 거야.

남경태　　이야기를 들어 보니 자유라는 게 객관적인 측면도 있고, 주관적인 측면도 있는 것 같아. 제도적으로 자유가 보장되어 있더라도 각자 느끼는 자유의 질이 다를 수 있으니까. 예컨대 지금 내가 배가 고파. 여기 빵이 세 개 있는데 나는 두 개는 먹어야 양이 차. 그런데 사람은 셋이거든. 골고루 하나씩 나눠 먹어야 하는 상황인 거야. 한 개만 먹어도 충분히 배가 부른 사람은 상관없지만 나는 부족하잖아. 그러면 다른 사람과 달리 나는 그 상황에서 자유롭지 않은 거지. 결국 다른 두 사람에게 부탁을 하겠지. 조금씩 나누어달라고 말이야. 그래서 자유라는 게 결국은 사람과 사람 사이 즉, 하나만 먹어도 배불러

하는 사람과 두 개를 먹지 않으면 허기를 달래지 못하는 사람 간의 타협이랄까, 서로의 자유를 조율하는 과정이 필요하다는 생각이 들어. 자원은 한정되어 있잖아. 정해진 면적의 땅에 집을 지을 때 내 집을 넓게 지으면 남의 집이 좁아지게 마련이니까. 그래서 자유는 욕망의 문제이기도 하지.

자유와 욕망의 문제

고성국　　그런 상황에서 자유를 얻으려면 욕망을 줄이거나 상대 것을 빼앗거나 둘 중 하나야. 그래서 인류 역사에서 상대의 자유를 억압하고 내 욕망을 채우는 일들이 빈번하게 발생하는 거고.

남경태　　현대 사회에서도 마찬가지야. 과거처럼 약육강식의 정글에서는 벗어났지만 여전히 힘센 사람들이 우위에 있는 게 현실이잖아. 사회가 복잡해지고 이해관계가 다양해지면서 분쟁과 다툼이 끊이질 않고. 인간이 사회를 이루고 사는 이상 이런 갈등은 피할 수 없는 건가?

고성국　　욕망을 줄이는 방법이 있지. 자원이 한정된 상황에서 이걸 두고 다투다 보면 어쩔 수 없이 갈등이 생기고 결국 내가 감당해야 할 비용이 계속 커지지. 그래서 내 욕심을 줄이자는 건데 문제는 이게 나 혼자만 노력해서 되는 일이 아니라는 거야. 나는 합리적으로 계산해서 욕망을 줄였는데 상대는 그렇지 않아. 외려 계속 자기 욕망만 채우려 들면 결국엔 나만 손해 보게 되잖아. 이런 상태라면 누가 욕망을 줄이려고 하겠어. 때문에 욕망을 합리적 수준으로 줄이는 것을 사회적으로 강제해야만 해. 다투지 않고 적정 수준에서 합의를 보자. 그렇게 공적, 제도적으로 만들어진 자유가 바로 'liberty'야. 자유를 정의롭게 구현하고자 개인의 욕망을 사회적 합의로 강제하는 거지. 그게 약속이고, 법률이잖아.

남경태　하지만 그렇게 되면 상대적으로 박탈감을 느끼는 사람이 있지 않을까? 사회적 합의가 있으려면 평등을 기본으로 해야 할 텐데, 그럼 기득권을 가진 사람들이 저항하겠지. 자기가 더 많이 양보한다는 상대적 박탈감을 가질 수도 있잖아.

고성국　예컨대 '부유세(富裕稅)' 같은 게 그렇겠지. 돈 많이 버는 사람한테 별도로 세금을 걷자는 얘긴데 그러면 아무래도 부자들은 싫어하지.

남경태　사회 전체적으로 보면 평등을 지향하자는 정책이지만 일부 계층만 놓고 보면 자유가 억압되는 정도가 더 클 테니까.

고성국　그런데 그런 제도 역시 인류가 오랜 역사를 거쳐 체득한 지혜야. 더 가진 사람이 더 많이 부담하는 게 모두를 위해 좋다는 거야. 극

"보통 부자가 가난한 자를 돕는 걸로 여기고 '혜택을 베푼다'고 생각하지만 실은 부자 자신을 위한 거기도 해. 그래서 노블레스 오블리주는 단순히 도덕적인 의미만이 아니라 사회 체제를 유지하기 위한 제도적 의미가 있지." _남경태

심한 빈부차는 폭동과 사회 불안으로 이어지고 결국은 부자들도 손해를 보게 되잖아. 조금씩 양보를 해서 안정된 사회 체제를 유지하는 게 부자들한테도 좋다는 거야. 부자들에게 세금을 물려 사회 복지 정책을 펴는 건 세계적인 흐름이라고 해야지. 선진국일수록 잘사는 사람들이 더 많이 부담하는 것을 자연스럽게 받아들이고 있는 거야. 더불어 사는 사회에서 그 정도의 부담은 감내해야 한다는 생각이 내면화돼 있는 거지.

 그게 성숙한 사회의 시민 의식인 거지. 흔히 말하는 노블레스 오블리주도 그런 거 같아. '상류층의 의무'라는 뜻이니까 보통 부자가 가난한 자를 돕는 걸로 여기고 '혜택을 베푼다'고 생각하지만 실은 부자 자신을 위한 것이기도 해. 그래서 노블레스 오블리주는 단순히 도덕적인 의미만이 아니라 사회 체제를 유지하기 위한 제도적 의미가 있지. 그렇지 않다면 오블리주, 즉 의무라는 말이 들어 있을 필요가 없을 거야.

 역설적이게도 더 많은 사람이 자유를 누리려면 일부의 자유를 제약해야 하는 거야. 자유의 역설이지.

 이제 우리 사회에서도 그런 자유의 역설은 상식이 된 거 같아. 자유가 욕망의 문제라는 걸 알게 된 거지. 그래서 내가 보기에 자유는 철학적으로 살펴볼 필요가 있어. 역사적으로 '자유'의 개념을 돌아볼 때, 계몽주의 시대에는 형이상학적인 자유관이 만개했었던 말이야. 인간의 이성이 인간을 자유롭게 한다는 믿음이 팽배했던 시절이었지. 이성을 가진 인간은 기본적으로 자유롭고 평등하다. 이러다가 19세기 말, 20세기 초가 되면 그런 자신감이 조금씩 사라지지. 가만히 보니까 모두가 자유로운 게 아니거든. 현실적인 제약이 있는 거야. 실존주의자인 사르트르에게 자유란 그런 현실적 제약 속에서 실존적 개인이 추구해야 할 가치로 이해되었지. 개인의 선택에 달린 문제가 된 거야. 그래서 사르트르는 인간을 자신의 삶과 죽음조차 선택할 수 있는 유일한 존재로 생각했던 거고. 자유라는 게 마냥 좋은 게 아니라 고통스럽고 때론 부담스러운 것이 된 거야.

최근 철학적인 경향은 '자유'를 선택의 문제가 아닌 '착각'의 문제로 보기도 해. 오늘 내가 먹을 메뉴를 두고 짬뽕이냐 짜장이냐 선택할 때 사르트르는 그걸 온전히 실존적 개인의 문제로 보았잖아. 그런데 현대 철학에서는 그걸 결정하는 메커니즘이 내가 의식하지 못하는 영역, 즉 무의식 안에 있을 수도 있다는 거야. 단지 그걸 내가 자유롭게 선택했다고 착각한다는 거지. 그런데 이건 인간이 합리적인 판단을 하는 주체라는 근대 철학의 기본 전제를 흔드는 거였어. 이전까지만 해도 인간은 자유 의지와 이성을 가진 단일 주체로 이해되었거든. 이런 기본 전제를 깨버렸어. 인간에게 정말 자유로운 의지가 있느냐, 있다면 그건 과연 '내'가 선택한 것이냐 하는 근원적인 질문이 던져진 거야.

인간의 '자유' 의지에 의문을 제기한 또 하나의 철학은 바로 '계급 이론'이야. 누군가 거기에 속한 사회적 계급이 그 사람을 움직인다는 거지. 예컨대 나는 의령 남씨 집안의 셋째 아들로 태어나서 대학 교육을 받고 지금까지 책을 쓰고 학생들을 가르치면서 살아왔잖아. 그런 여러 가지 사회적 관계가 '이미' 나를 규정한다는 거지. 말하자면 나는 순수한 나가 아니라 대한민국에 사는 50대 남자, 프리랜서 저술가 등으로 살아가는 나야. 알튀세르 같은 철학자는 이걸 '호명(interpellation)'이라고 하더군. 인간은 다 사회적 신분이 있는 이상 '호명'된 존재라는 거야. 자유는 착각이고 환상인 거지. 물론 이런 관점들이 개인의 자율성을 싹 무시하고 부정하는 건 아니야. 다만, 과거 19세기까지만 해도 확실했던 이성과 자유 의지를 가진 주체로서의 인간에 대한 개념이 흔들리고 있다는 건 확실해. 과연 어디까지가 저 사람의 자유 의지인가가 알 수 없어진 거지.

고성국　그렇지. 욕망을 부추기고 인간을 상품화하는 자본주의 사회에서 자기 욕망과 사회적 관계를 잘 들여다보지 못하면 자유롭다는 착각 속에서, 실제로는 얽매인 채 살아가기 십상이거든. 그래서 자유는 실천의 문제이기도 해. 즉, 내가 적극적으로 자유롭기 위해 노력해야 한다는 거야.

인신의 자유가 중요한 것은 그 자체로도 그렇지만 그것으로부터 사상과 영혼의 자유가 파생되기 때문이지. 인신의 구속이 있을 수 있다고 느끼는 순간 사람은 위축되기 마련이야. 한 사회가 요구하는 이념 틀에 자기를 가두게 된다고. 일단은 안전을 추구해야 하니까. 과거에 대통령 욕하면 경찰이 잡아가던 시절을 떠올리면 쉽게 이해가 될 거야. 지금도 그런가? (웃음) 하지만 사회가 합리적으로 정한 규칙을 깨지 않는 한 인신의 자유를 구속받지 않는다는 확신이 있으면 그 안에서 자유로운 사상과 양심과 영혼의 활동이 가능해지거든. 한 사회의 정신적·문화적 자산이 풍부해지는 거지. 그럴 때 개인도 지적으로 말하자면 자유로운 존재가 되는 거야. 인신의 자유만으로는 불완전한 거야. 물질적인 것이니까. 여기에 영혼, 사상, 양심의 자유가 더해져야 비로소 완전히 자유로운 인간이 되는 거거든. 그래서 실천이 필요한 거야. 알튀세르 같은 구조주의자들이 얘기한 것처럼 우리가 자유를 '착각'하고 있다면 그 벽을 깨고 자유를 향해 나아가려는 의지와 노력이 필요하다는 거지.

남경태 그런데 그걸 깨닫는 게 매우 어렵거든. 내 속에 내면화된 가치는 순전히 나만의 것이 아니니까. 사람이 여러 가지 페르소나(가면)를 갖고 활동하듯이 의식하지 못하지만 사회적으로 주입된 가치관이 나를 움직이는 경우가 있잖아.

고성국 그래서 자유에 대한 사회적 규정과 이를 뛰어넘으려는 자유로운 영혼과 사상의 운동, 이게 계속해서 부딪힐 수밖에 없을 거야. 문제는 그런 긴장을 받아들이고 때론 즐길 수 있어야 한다는 거지. 늘 깨어 있어야만 감당해낼 수 있거든. 나는 인간이 거기까지는 갈 수 있다고 봐. 그 이상으로 넘어설 수 있을지에 대해서는 회의적이지만.

자유는 선택의 문제인가?

남경태　흔히 어떤 개념을 설명하기 위해 먼저 그 반대말을 살펴보는 방법이 있잖아. 이걸 '자유'에도 적용해보자고. 일단, '인신의 자유'라고 할 때 자유의 반대말은 '구속'이지. 근데 '생각의 자유'라고 할 때 그 '자유'란 법칙 같은 것에 제약되지 않는 것, 말하자면 '우연'을 가리키는 의미야. 그렇다면 자유의 반대말은 '필연'이 되는 거지. 예컨대 우리가 '자유로운 상상력'이라고 말할 때가 있잖아. 그때의 자유란 과거 법칙적으로 사고해왔던 것으로부터 벗어난다는 걸 뜻하니까. 현대에 와서는 그런 자유, 혹은 우연성을 많이 강조하는 거 같아. 특히 과학 분야에서 그렇지. 물리학을 비롯한 자연 과학의 범주에서는 이제 그러한 우연성을 변수로 넣지 않고는 더 이상 학문을 진전시킬 수 없는 처지가 되었어. 예전에 물리학은 그야말로 필연성의 대표적인 학문이었는데 말이야.

고성국　불확정성 원리(uncertainty principle)[1]가 출현한 이후에 그렇게 된 거지.

남경태　그래. 전자의 위치와 속도를 동시에 정확하게 측정할 수 없다는 거지. 이건 우리가 기술이 부족해서가 아니라 원리적으로 그렇게 되어 있기 때문이야. 혹은 사물의 존재 방식 자체가 궁극적으로 그렇다는 거고. 그렇다면 인간이 과학을 통해 이룩한 것들, 자연의 필연성으로부터 도출해낸 합리적 세계관, 그러한 인식 구조 자체가 흔들리게 되지. 이런 심각한 지적 위기는 인문학 분야에서는 프로이트부터 시작되잖아. 프로이트가 발견한 인간의 무의식이란 게 그렇지. '내 안에 내가 아닌 내가 있다'는 얘기니까. 계몽주의, 이성의 시대를 대표했던 투명하고 동질적인 의식의 개념이 무너지는 거야. 그런데 문제는 그런 우연과 불확정성의 세계를 어떻게든 기술해야 하는 데서 생기잖아. 프로이트도 무의식의 개념을 의식으로 기술해야 한다는 난점에 봉착했고. 하이데거도 철학을 시적 언어로 서술하는 어려움을 겪었고. 결국 오늘날 불확정성의 시대를 살아가려면 우선 기존의 법칙에 대한 강박을 버리고, 자유롭게 상상해야 한다는 거야. 과학이 예술에 좀 더 가까워지는 거랄까?

고성국   예컨대 백남준의 비디오 아트[2]가 그렇거든. 비디오라는 게 현대 과학 기술의 산물이잖아. 그걸로 예술을 하는 거야. 전체적으로는 필연적으로 기획되는 것이지만, 그 안에서 표현되는 것은 순간순간 우연에 의한 것이거든. 비디오 아트만이 아니라 현대의 행위 예술의 흐름이라는 게 바로 그런 거지.

남경태   필연과 우연의 경계가 모호하지.

고성국   그렇지. 시도 자체는 예술가의 선택에 의한 필연이지만 그 결과는 우연인 거고. 그게 계속 반복되는 거거든. 거기서 나오는 긴장을

"결국 오늘날 불확정성의 시대를 살아가려면 우선 기존의 법칙에 대한 강박을 버리고, 자유롭게 상상해야 한다는 거야. 과학이 예술에 좀 더 가까워지는 거랄까?" _남경태

감당해내고, 그것을 예술적으로 체화시키는 게 위대한 행위 예술이라고 생각해. 이걸 감당하지 못하면 예술이 아니라 그저 우연한 해프닝으로 끝나는 거라고.

남경태 아니면 사이비가 되거나. 현대 예술에 유독 사이비가 많은 건 난해함을 가장한 사기 때문이 아닐까 싶어.

고성국 또는 장난이 되거나. 그런 면에서 행위 예술은 긴장도가 엄청나게 높은 작업이야. 필연과 우연이 거의 무한대로 되풀이되는 과정에서 끝까지 자신의 예술적 통찰을 놓치지 않아야 하기 때문에. 이러한 긴장은 비단 예술가들에게만 해당하는 것은 아니야. 우리도 진정으로 자유롭게 살려면 그만한 치열함을 가져야 해.

남경태 우리 일상에도 그런 긴장 관계들이 숨어 있지.

고성국 그래. 아침마다 '일어나야 한다'는 의지와 '조금 더 자자'는 유혹이 공존하잖아. 우리는 매번 그 싸움에서 이겨야 하는 거야. 아침에 일어나서 식사를 준비할 때도 그래. 손쉽게 먹을 수 있는 패스트푸드로 배를 채우느냐, 아니면 좀 더 시간이 걸리더라도 제대로 조리한 음식을 먹느냐, 그런 선택도 있을 거야. 우리 인생이 그런 선택의 연속이거든.

남경태　그렇다면 결국 자유는 선택의 문제라는 건가? 하지만 그런 선택이 오히려 거추장스러울 때도 있어. 예컨대 내가 지금 A라는 직장에 다니는데 B라는 직장에서 스카우트 제안이 왔어. 지금보다 훨씬 나은 조건이야. 선택은 온전히 내 몫이고. 그런데 가야 할까 말아야 할까 고민이 돼. 위험부담이 있으니까. 지금 직장도 나쁘진 않은데 괜히 옮겼다가 그 회사가 안 좋아지거나 새 직장에서 인간관계를 해치면 어쩌나 하는 걱정이 들 거 아냐. 그렇다고 해서 좋은 제안을 거절하기는 아깝고 말이지. 차라리 그런 제안을 받지 말았으면 하는 기분일 거야. 선택의 가짓수가 많아졌는데도, 자유의 폭이 늘었는데도 오히려 괴로운 경우지. 이럴 때면 운에 맡기고 싶어지기도 하잖아. 동전 던지기로 정한다든가. 자, 이런 경우 나는 정말 자유로운 건가? 아니면 누가 대신 선택해주고 명령에 따르는 편이 더 자유로울 수 있는 걸까?

고성국　사르트르가 얘기했듯이 진정한 자유란 인간에게 부담이야.

남경태　그런 거라면 자유가 꼭 좋은 것만은 아닌 거 같아. 모든 걸 내가 부담해야 하니까. 두렵고 불안하지. 예컨대 실 끊어진 연, 보기엔 자유롭지만 만약 그 연에게 의식이라는 게 있다면 스스로 자유롭다고 느낄까? 아니면 정처 없이 어디론가 가야 하는 자기 운명을 한탄할까?

"손쉽게 먹을 수 있는 패스트푸드로 배를 채우느냐, 아니면 좀 더 시간
이 걸리더라도 제대로 조리한 음식을 먹느냐, 그런 선택도 있을 거야.
우리 인생이 그런 선택의 연속이거든." _고성국

"그렇다면 결국 자유는 선택의 문제라는 건가? 하지만 그런 선택이
오히려 거추장스러울 때도 있어. 이럴 때면 운에 맡기고 싶어지기도
하잖아. 동전 던지기로 정한다든가. 자, 이런 경우 나는 정말 자유로운
건가?"_남경태

고성국   파시즘이 등장한 배경이 바로 그래. 근대 혁명을 통해서 자유를 쟁취한 시민들이 이제는 그걸 부담스러워하고 대신 누가 맡아서 관리해주길 바라지. 이때 등장한 게 독일의 히틀러잖아. 히틀러는 당시 독일 국민들의 압도적인 지지를 받았어. 그런 면에서 에리히 프롬이 얘기했던, 자유에 따르는 역사적 책임, 본원적 책임의 문제는 정말로 중요해. 학교 다닐 때 많이 들었던 "자유는 방종이 아니다"라는 식의 상투적인 얘기가 아니야. 자유에는 본원적으로 자기 책임이 따르거든. 이걸 당시 독일 국민들은 소화해내지 못한 거야. 개인들이 집단적으로 그 책임을 방기한 결과가 독일의 나치즘이고 일본의 군국주의인 거지.

강제와 자율의 차이

남경태   그럼 이번에는 좀 더 상식적이고 친근한 의미의 자유를 다루는 건 어떨까. 우리가 일상에서 겪는 자유와 부자유 말이야.

고성국   가깝게는 청소년에 대한 사회적 억압에서 찾을 수 있지. 요즘은 많이 좋아졌다고들 하지만 여전히 구속이 많잖아. 머리 깎아라, 교복 맞춰 입어라, 정해진 시간까지 등교해라, 게임 하지 마라, 공부나 해라, 이성 교제 하지 마라, 이런저런 압박이 들어오지.

남경태   참 나쁜 교육 방식이야. 금지하는 게 능사가 아닌데 말이야. 대신할 수 있는 걸 마련해줘야 할 거 아니야. 얼마 전 라디오에서 들은 이야기가 생각나네. 식당에서 어린아이들이 돌아다니면 주변 사람들이 방해를 받잖아. 그러면 보통 애들한테 "뛰지 마! 정신없어!" 이러지. 그런데 방송에 나온 육아 전문가가 그러지 말래. 대신 "앉아서 먹어." 이러라는 거야. 애들은 "뛰지 마!" 이렇게 금지어로 말하면 황당해한대. 그럼 어쩌라는 건지 모르거든. 아이들이 주변 사람들을 배려할 수 있도록 구체적인 방안을 제시해야 한다는 거야. 부정적인 명령 대신 긍정적인 제안을 하면 아이가 긍정의 가치를 내면화할 수 있게 된대. 그런데 우리나라 사람들은 "하지 마!" 하는 식으로 부정적으로 가르친다는 거야. 당장 하는 짓이 맘에 안 드니까 대안은 제시하지 않고 호통부터 치고 보는 거지. 우리 사회는 제재가 많아. 하지 말라는 게 많지. 그런데 하라는 건 없어. 애들 입장에선 참 갑갑한 일이야.

고성국   자유를 얻으려면 자유가 무엇인지 알아야 해. 그래야 부자유가 왔을 때 이것이 굉장히 이상한 일이다, 잘못된 일이다, 하고 스스로 자각하고 거기에 대해서 행동하게 되거든. 그러려면 어려서부터 일상에서, 가장 가까운 사람들과의 관계 속에서 자유의 관념을 깨달아가야 한다고.

남경태   그렇게 자유를 내면화해야 하는데, 우린 어릴 때부터 금지를 내면화해. 내 경험도 그렇고. 나는 어릴 때 집안의 막내로 자랐어. 할머니, 삼촌, 고모도 함께 사는 대가족의 막내여서 그랬는지 어려서부터 조숙했지. 우선 식사 시간이 되어도 누가 일일이 불러주지 않으니까 알아서 밥상 앞에 앉지 않으면 못 먹는 거야. 어떻게 하면 어른들 눈에 거슬리는지 뻔히 아니까 하지 말라는 건 밖에서만 하고 집에서는 조신하게 지냈지. (웃음) 초등학교 때부터 계속 갖고 싶었던 게 딱 두 가지가 있었어. 하나는 스케이트고, 하나는 천체 망원경이야. 문제는 사달라는 말을 끝내 못 했다는 거야. 가정 형편상 안 된다는 걸 뻔히 아니까. 하지만 여느 아이라면 졸라보거나 최소한 말은 꺼내봤을 거야. 그런데 난 그렇게 하지도 않았어. 지금 생각하면 그걸 요구하는 게 일종의 금기였던 거 같아. 그래서 욕망을 속으로 삭이는 데 익숙해졌지. 워낙에 집안 분위기도 엄숙하고 뭘 해도 안 된다는 소리를 들으니까 지레 겁을 먹은 거야. 예전에는 사회 분위기도 그랬던 거 같아. 자기 욕망을 억누르고 금기시하는 게 미덕으로 여겨졌지.

　지금 아이들도 마찬가지야. 경제적으로 여유로워졌을지는 몰라도 여전히 '해선 안 될 일'투성이거든. 예전엔 마당에서 신나게 뛰어놀기라도 했지. 요즘 아이들은 아래층 시끄러우니 뛰지 말라는 소리 들어가며 조심조심 살고 있잖아. 아파트에 사는 일 자체가 아이들에겐 억압이야.

　방음재를 잘 써서 층간 소음을 없애면 될 것을 아이들만 다그

치는 거야. 아니면 쿠션을 깔아서 소리를 좀 줄이던가. 최소한 "뛰지 마!" 하고 호통을 치기보다 "네 방에 들어가서 살살 뛰어라." 이렇게 유도할 수도 있잖아. 아이가 할 수 있는 것을 어른들이 주문하고 대안을 제시해줬으면 좋겠어.

고성국　예컨대 학교가 요구하는 규칙이 있을 거 아니야. 초등학교는 초등학교에 맞게, 중·고등학교는 또 거기에 맞게 규칙을 정하겠지. 그런데 현실에서는 학생들의 눈높이에 맞지 않는 규칙들이 많아. 어른들 기준으로 만드니까. 그러다 보면 정작 규칙을 지킬 사람들이 그 규칙에서 소외되는 결과가 생기지. 자기들이 규칙을 스스로 만들도록 해야 해. 자기들이 이해하고 결정하고 행동하게 하는 거지. 그 과정에서 자유를 느낄 수 있는 거고.

남경태　그렇지. 자기 규칙을 스스로 정할 자유가 있어야 하는 거야.

고성국　대학생은 그러잖아. 총학생회 같은 조직을 통해서 의견이 반영되지. 물론 이것도 독재 정권하에서는 어려운 일이었지만. 아무튼 초·중·고등학생들은 미성년자라는 이유로 그런 권한이 없어. 어른들이 정한단 말이야. 기본적으로 부자유 속에서 살아가는 거지. 규정이라고 하는 건 부자유거든. '자유로운 규정'은 형용 모순이야. 테두리를 긋고, 이 안에서 자유롭게 살아라, 하는 건 진정한 자유가 아니야. 아이들은 유치원 때부터 뭘 하면 안 되는 선이 딱 그어지는 거

야. 그 안에서 사는 법을 배우면서 어른들의 기준을 내면화하는 거
야. 그 '선'이라는 게 불가피하다면 아이들로 하여금 스스로 토론하
고 정하게 하라는 거지. 스스로 정하는 규칙은 부자유가 아니잖아.

자유를 키우는 리더십

남경태　맞아. 같은 내용의 규칙이라도 누가 정하느냐에 따라 다르지.
청소년들이 틀에 박히지 않는 사고, 정말 자유로운 사고를 하려면 그
런 자발성이 필요해. 그러지 못한 친구들은 커서도 자기 틀에 갇히
게 마련이고. 어렸을 때부터 그런 자유를 맛보고 자란 친구들은 창의
적이야. 가장 부러운 경우가 현실에 얽매이지 않는 자유로운 상상력
으로 예술적 재능을 발휘하는 친구들이야. 나도 아마 어릴 때부터 욕
망을 자유롭게 풀어놓는 환경이었다면 예술가가 되지 않았을까 하는
생각이 들어. 참, 예술가는 자유만이 아니라 재능도 필요하지. (웃음)
어쨌든 상상력과 자유로운 사고를 키워갈 방법은 뭐가 있을까?

고성국　감성도 결국은 훈련되는 게 아닐까? 어렸을 때부터 자유를 체
험하면서 자유의 개념을 익혀가듯이 말이야. 주어진 틀 안에서 살면
서 상상력을 키우기란 어려워. 당연한 얘기겠지만 그래서 교육의 역
할이 중요한 거고. 한 사람 한 사람이 잠재된 능력을 잘 발휘할 수 있
도록 조건과 환경을 만들어줘야 하니까. 진정한 교육이란 그런 거야.

여기에 좋은 선생님이 필요하지. 아이들 스스로 자기 가능성을 열어 갈 수 있도록 이끌어줘야 해. 환경만으로 되는 건 아니니까. 그러면 누구나 자기 소질을 마음껏 발휘할 수 있을 거야. 사회적으로도 의미 있는 일이지.

남경태 자기 소질을 계발할 수 있도록 돕는 건 중요해. 그런데 여기에 도 딜레마가 있어. 내가 바둑을 좋아하니까 바둑을 예로 들어볼게. 바 둑에는 '정석(定石)'이라는 게 있어. 정해진 격식에 따라 돌을 놓는 법 이지. 일상에서도 쓰이는 말이잖아. 물론 정석대로 둬야만 하는 건 아 니지만 처음 바둑을 시작할 땐 정석대로 두라고 해. 그러다 자기만의 방법론을 익히게 되면 거기서 벗어나 창의적인 방식으로 바둑을 두 는 거지. 무슨 말을 하고 싶은 거냐면, 정석만을 고수하다 보면 발전 이 어렵다는 거야. 예컨대 영재 바둑이라고 해서 어려서부터 프로 기 사로 키우려고 훈련시키는 애들이 있어. 이 친구들은 바둑의 정석을 하나하나 깨우쳐가는 방식으로 교육을 받지. 그런데 어느 수준까지 가다가 보면 더 이상 늘지가 않거든. 이때가 바로 '정석'에서 벗어나 야 할 지점이라는 거야. 정석이 바둑 실력을 키워주는 건 사실이지만 일정한 실력이 되면 정석을 벗어나서 사고해야 더 늘 수 있거든. 그 래야 좋은 수를 생각할 수 있지. 철학자 비트겐슈타인(Wittgenstein)이 "사다리를 타고 올라왔으면 사다리를 버려라"고 했던 것처럼, 정석을 알고 나면 정석을 잊을 줄 알아야 해. 그래야 자기 스타일을 세울 수 있는 거야. 즉, 자기 스스로 걸어가야 할 지점이 있다는 거지.

고성국　진짜 영재라면 스스로 그 지점을 알고 '정석'의 테두리 밖으로 뚜벅뚜벅 걸어가겠지.

남경태　근데 시작부터 바둑의 정석을 버리라고 말할 수 있느냐는 거야. 바둑으로 먹고살려는 사람들이라면 모를까, 그냥 취미로 즐기려는 사람들에게까지 그럴 필요는 없잖아. 마찬가지로 자유라는 걸 스스로 깨닫게 하려고 아이들에게 스스로 규칙을 정하라고 맡기는 것도 좋지만 먼저 어떤 기준을 제시해주고 스스로 그 한계를 느낄 때쯤 자율적으로 정하게 하는 게 더 좋지 않을까? 그게 좀 더 보편적인 교육이 아닌가 하는 거지.

예를 들면 미술 선생님이 "상상력은 자기 안의 금기를 깨는 것부터 시작한다. 그러니 기존의 방식들을 과감히 부정해라!" 이랬다고 해봐. 그 말의 의미를 깨달은 친구는 새로운 길을 모색하겠지만 액면 그대로 받아들이는 친구는 자기 맘대로 하라는 식으로 오해하지 않을까? 게다가 그 방법은 모든 아이에게 통하는 게 아냐. 그 말을 체화시킬 상상력의 씨앗을 가진 아이라면 제대로 소화하겠지만 그렇지 못한 아이는 대체 어떻게 하라는 거냐며 황당하게 여기겠지. 아이들의 인식 단계에 맞춰 교육 방식도 달라져야 한다는 거야.

고성국　선생님의 역할이 중요하겠지. 상상력을 발휘하라고 주문한다고 해서 없던 상상력이 생기는 건 아니니까. 말이 아니라 실제 행위 안에서 한명 한명의 상상력을 끌어내야 해. 고등학교 1학년 때 첫 번째 미술 수업 시간이었어. 선생님이 하시는 말씀이 "학교 들어오느라고 그동안 고생 많이 했다. 오늘은 첫날이니 정식 수업은 하지 않겠다. 백지 위에 너희가 그리고 싶은 데로 그려라." 이러시는 거야. 당황했지. 그동안은 사과를 그리라든지, 어디 가서 어떤 풍경을 그리라든지 이런 식이었거든. 그리고 싶은 걸 그리라는 건 처음이었어. 한 20분 고민하다가 뭔가를 그리기 시작했는데 나중에 보니 추상화야. 선생님이 뭘 그렸느냐고 묻는데 내가 설명을 못 하겠더라고. 굉장히 몰입해서 그렸는데.

남경태　자기 안에 있는 진짜 자기가 그린 거야.

고성국　그렇지. 그래서였는지 선생님이 나를 앞으로 불러내서 칭찬해주셨어. 그림이 굉장히 좋다, 네 솔직한 마음을 표현했다, 하시는 거야. 반 친구들 이름도 모르고 서먹서먹할 때인데 어쨌든 기분은 좋더라고. 비록 그림이 의미하는 바는 설명하지 못했지만 그림에 대해 다시 생각하게 된 뜻깊은 경험이었어. 좋은 선생님 덕분이지. 만약 선생님이 너는 자유로우니까 상상력을 발휘해서 그려보라고 요구했으면 외려 못 그렸을 거 같아. 상상력이 뭔지 고민했을 테니까.

남경태　민주적인 선생님이네. 하지만 그때도 힘들어하는 친구들이 있었을 거야. 도대체 뭘 그려야 할지 몰라 끝까지 백지로 남긴 친구도 있지 않았을까? 자유를 알지 못하는 친구에게는 자유롭게 하라는 말이 의미가 없을 수도 있어.

 스스로 깨닫도록 일관성 있게 끌고 가는 게 중요해. 가르치는 선생님이나 배우는 학생들이나 처음부터 자유롭게 큰 영혼들이 아니야. 그래서 처음엔 어색하고 힘든 거야. 학생들도 자유롭게 마음껏 상상하라는 말에 부담을 느끼는 거고. 준비가 안 된 친구들에게 자유를 강조하면 여러 가지 사고도 터질 수가 있고 결과가 의도와는 다르게 나타날 수도 있어. 그럴 때 이거 안 되겠다고 접어버리면 자유로운 교육이 안 되는 거지.

 자유를 가르치려는 사람도 내면화된 금기가 있는 거야. 더 이상은 안 되겠다고 생각하는 지점이 있는 거지.

 그렇지. 그래서 죽이 되든 밥이 되든, 비록 큰 사고가 터져도 이 원칙을 일관성 있게 밀고 나가야 해. 그래서 마침내 '아, 이게 진짜 자유구나.' 하고 느낄 수 있을 때까지. 부단한 노력이 필요한 거지.

 위기가 있을지언정 올곧게 밀고 나가야 한다?

 그래. 김상곤 경기도 교육감이 지난번에 나와 인터뷰할 때 이런 얘기를 하더라고. 혁신학교 정책을 추진하는 과정에서 감동적인 사례를 알게 되었대. 어떤 학교에 소위 말하는 '불량 학생'들이 있었어. 이 아이들에게 학교 선생님들이 부모님과 함께 하는 산행을 제안했다는 거야. 배낭 메고 2박 3일로 가는 거지. 근데 참석은 자유야. 가든 안 가든, 부모님을 모셔 오든 안 모셔 오든, 모두를 아이들 판단에 맡긴 거야. 그리고 나서 신청 마감일을 조마조마하게 기다렸는데 막상 뚜껑을 열어보니 100퍼센트 참석인 거야. 게다가 모두 부모님을 모셔 오겠다고 해. 그렇게 기분 좋게 2박 3일 산행을 하고 왔대. 그 과정에서 선생님과 학생들이 마음의 벽을 깨고 하나가 되는 경험을 하고 학교 분위기도 무척 좋아졌다는 얘기였어.

그때 만약 담당 선생님이 불안한 마음에 학생들에게 부모 참여를 독촉했다면 결과는 좋지 않았을 거야. 정말 한 명도 안 와도 상관없다, 아이들에게 전적으로 맡긴다, 이런 마음을 지켰기 때문에 성공한 거야. 한번 그러기로 했으면 끝까지 밀고 가야 한다는 걸 강조하고 싶은 거야.

옛날 공자님 말씀 중에 "삼인행필유아사(三人行必有我師)"라는 게 있지. 사람 셋이 있으면 그중에 한 명에게는 꼭 배울 게 있다는 얘기야. 지위 여하를 떠나 인간으로서 서로 장점을 이해하고 받아들여야 한다는 거잖아. 이를테면 회사에서 중요한 걸 결정하는 회의를 할 때 지위가 낮은 사람들은 참여하지 못하거든. 고위 간부들끼리 해. 그 자체가 굉장한 특권이거든. 학교에서 선생님과 학생의 관계도 그렇지. 중요한 사항을 결정할 때 학생들에겐 발언권이 없어. 의견을 묻다가도 결정은 선생님이 하기 일쑤지. 당연히 그런 조직은 발전이 없어. 개개인에게도 자유는 중요하지만 조직이나 사회가 정체되지 않고 자

"조직이나 사회가 정체되지 않고 자기 혁신을 계속해나가려면 구성원들이 자유롭게 자기 의사를 밝힐 수 있어야 해. 그러다 보면 다양한 의견들이 나오고 그 과정에서 때론 엉뚱하지만 창의적인 아이디어도 나오는 거거든." _고성국

기 혁신을 계속해나가려면 구성원들이 자유롭게 자기 의사를 밝힐 수 있어야 해. 그러다 보면 다양한 의견들이 나오고 그 과정에서 때론 엉뚱하지만 창의적인 아이디어도 나오는 거거든. 역사는 그렇게 자유로운 소통과 참여를 통해 발전하는 거라고 생각해. 그래서 그걸 이끌어낼 수 있는 리더십이 중요한 거고.

남경태　아마 기업도 그걸 잘 알고 있을 거야. 그래서 직급을 단순화해 수평적 조직을 구성하고 사내 구성원을 대상으로 아이디어 공모 같은 걸 하잖아. 문제는 진정성이야. 그래 놓고서 실제로는 불이익을 준단 말이지. 예를 들어 평소 권위적인 기업 총수가 간담회 자리에서 "무슨 의견이든 마음대로 개진하라." 그런다고 해서 용감하게 나서서 말할 사원이 누가 있겠어. 평소 잘해야지. 바꿔 말하면 평소의 기업 문화가 그렇게 자유로운 분위기를 장려하는 성격을 가지고 있어야겠지. 말로는 창의와 혁신을 강조하면서도 지배 구조나 경영 행태를 보면 전혀 아닌 거야.

고성국　그렇지. 자유와 책임이라는 건 관계 속에서 이루어지는 거잖아. 나 혼자 무인도에 있을 때 내가 자유를 백날 누려봤자 의미 없다고. 개인의 자유라는 게 본질적으로는 사회적 차원에서 이해되어야 하는 거거든. 그럴 때 사회란 학교나 가정, 국가를 의미하는 거겠지. 이때 한 공동체에서 자유와 책임의 긴장 관계를 어떻게 생산적으로 가져가느냐 하는 건 결국 리더의 몫이야. 나는 지금 우리나라가 여러 문제점을 갖게 된 데에는 지도자의 책임이 90퍼센트 이상이라고 봐. 물론 자유의 의미를 이해하지 못하고 잘못된 선택을 해온 국민 탓도 있겠지. 어느 한 사람이 자유를 모르면 그 사람은 평생 자유롭지 못하게 살 수 있어. 그건 전적으로 그 사람 책임이야. 하지만 그 사회의 리더가 자유를 이해하지 못하면 사회 전체가 천박해진다고.

남경태 국민이 자유롭기 위해서는 자유의 의미를 진심으로 이해하는 지도자를 뽑아야 한다는 거지? 동감이야. 결국 자유란 선택의 문제니까.

주

1. 1927년 독일의 물리학자 베르너 하이젠베르크가 주장한 물리 법칙. 하이젠베르크는 이를 통해 어떤 물체의 위치와 속도를 동시에 정확하게 측정하는 것이 불가능하다고 주장했다.

2. 영상 매체를 수단으로 한 예술 방식. 백남준이 대표적인 작가로 TV 세트로 구성한 설치물을 통해 다양한 영상을 표현했다.

3

사회적
소통으로서의
관용

관용

관용의 민주주의

남경태 '관용'이라고 하면 흔히 도덕적 배경을 연상하지. 관용은 자신의 뜻과 달라도 허용한다는 건데, 그러자면 참을성이 요구되거든. 참을성, 자제력, 절제심은 도덕으로 분류되잖아. 그런데 나는 도덕을 개인적인 덕목으로 내세우는 것에 상당히 회의적이야. 개인적인 덕목이라면 막말로, 있으면 좋고 없어도 그만 아냐? 내가 보기에 도덕은 당위로 여겨야 하지 않나 싶어. 그런 점에서 도덕을 명령이나 의무로 파악한 칸트가 맘에 들어. 도덕은 지향하는 목표라기보다 기본으로 가져야 한다는 거잖아. 언뜻 생각하면 도덕을 목표로 삼는 게 고결해 보이지만 현실적으로는 명령과 의무가 훨씬 강력하지. 칸트가 말했잖아. 거지를 도와주는 건 자비를 베푸는 행위라기보다 하나의 의무라고. 이런 논리를 정치에 대입해보면, 정치인의 도덕성을 개인의 자질로 볼 게 아니라는 거지. 즉 도덕적인 사람이라서 정치인이 되는 게 아니라, 도덕적이지 않으면 정치인이 될 수 없으니까 도덕적이어야 한다고. 안 그러면 사람들이 뽑아주지 말아야 해. 그럴 때 도덕이 개인적 덕목에서 벗어나 사회적 가치와 규범으로서 뿌리내릴 수 있지 않을까 싶어.

고성국 한 사회가 도덕적이려면 사회적·제도적 강제가 필요해. 개인적인 측면과 사회적인 측면을 나눠서 봐야 한다는 거야. 어떤 것이 더 중요한가는 딱 잘라서 말할 수 없지. 여기에 대해 동서양은 조금

"

다른 전통이 있는 거 같아. 서양에서 도덕이란 너와 내가 한 사회를 이루어 다툼 없이 살아가기 위해 각자 지켜야 할 기준이지. 반면 동양에서 도덕은 인간이라면 당연히 지켜야 할 도리야. 이른바 '신독(愼獨)'이라고 하지. 누가 보든 안 보든 개인적으로 실천해야 할 지침인 거야. 서양에서는 공적인 영역이 아닐 때, 즉 사적인 영역에서는 자기 맘대로 해도 된다는 생각이 강한데 동양은 그렇지 않거든. 그 자체가 우주의 어떤 본성을 구현하는 행위이기 때문이야.

남경태　그래서 옛날 선비들은 혼자 있을 때도 의관을 정제하고 몸가짐을 바로 해야 한다고 가르쳤지. 그걸 신독이라고 하잖아. 요즘 기준으로 보자면 좀 갑갑한 일이긴 하지만. 서양 문화에선 혼자 있어도 늘 신이 함께한다고 믿었지만 동양 문화에선 신이 없으니까 그런 도덕이 필요했겠지.

고성국　사실 개인적인 차원에서 도덕적으로 살고자 하면 신독을 실천하면 그만이야. 보든 안 보든 누가 있든 없든 특별히 신경 쓸 일도 없고.

남경태　실천하기는 어려울지 몰라도 굉장히 간단하고 힘 있는 논리야.

고성국　나는 거기에 더해 사회적 차원의 노력이 필요하다고 보는 거야. 이런 측면에서 '관용'을 생각해보자고. 나는 관용에는 '안전판'

의 성격이 있다고 봐. 오류를 피하고자 하는 노력이 반영되었다는 거지. 인간은 불완전한 존재이기 때문에 늘 올바른 판단만 할 수는 없어. 예컨대 100명의 사람이 똑같은 결론을 냈다고 해도 그게 절대 옳다는 보장은 없는 거야. 완벽하지 않거든. 더구나 다수결을 원칙으로 하는 현대 민주주의에서는 오류에 빠질 가능성이 더 크지. 이걸 막기위해 소수의 의견을 받아들이자는 거거든. 관용에는 소수에 대한 다수의 관용이 있을 뿐이야. 다수에 대한 소수의 관용은 의미가 없어. 힘 있는 자의 관용만이 의미 있는 거거든. 힘 있는 다수가 오류 가능성을 인정해야 관용이 생기는 거지.

남경태　　다수가 옳다는 건 곧 소수가 틀렸다는 애기니까. 굳이 옳지 않은 의견을 받아들일 이유는 없는 거지.

고성국　　그래서 관용에는 다수가 틀리고 소수가 옳을 수 있다는 전제가 있다는 거야. 이걸 무시하면 다수의 횡포가 지배하는 사회가 되는 거지. 흔히 우리는 민주주의를 다수결과 직결시키는데 그렇지 않아. 다수결은 민주주의의 몇 가지 원리 중 하나지. 진정한 민주주의를 구현하려면 소수를 존중해야 해. 그래야 오류를 줄이고 안전하게 사회를 이끌어갈 수 있는 거야. 그런 의미에서 아까 관용을 사회의 안전판이라고 말했던 거고.

남경태　　취지는 공감하지만 현실에서 의사 결정할 때 소수파의 의견이

"관용에는 소수에 대한 다수의 관용이 있을 뿐이야. 다수에 대한 소수의 관용은 의미가 없어. 힘 있는 자의 관용만이 의미 있는 거거든. 힘 있는 다수가 오류 가능성을 인정해야 관용이 생기는 거지. 관용에는 다수가 틀리고 소수가 옳을 수 있다는 전제가 있다는 거야." _고성국

반영되는 경우는 많지 않아. 근대 민주주의 원리 중에는 다수결 원칙이 있잖아. 투표에서 한 표라도 많이 나오면 그쪽 의견을 채택하고 반대 의견은 버리는 거지. 결과가 51대 49로 나와도 다수결에 따라 51이 채택되는 거잖아. 어떻게든 결정을 내려야 하는 경우 다수결은 최선이 아니더라도 최소한 불만을 가장 줄일 수 있지.

 그래도 노력은 하자는 거야. 만장일치로 갈 때까지 토론하고 설득하자는 거야. 예를 들어 투표 결과가 99대 1일 때, 1명이니까 부담 없이 버리고 가면 된다고 생각할 수도 있지만, 나는 이 1명을 설득해서 함께 가자는 거지. 재판할 때도 소수 의견이 나오면 만장일치가 될 때까지 배심원이 결정을 못 하도록 하는 제도가 있잖아. 최대한 소수가 소외되지 않도록 배려하는 거지. 이거냐 저거냐를 두고 판단할 때도 그래. 어느 마을에 다리를 놓기로 했다고 해. 그걸 두고 주민 의견을 묻는데 과반이 동의하더라. 근데 반대하는 사람도 만만치 않게 있다면 어떻게 하는 게 좋을까. 그 사람들 무시하고 그냥 다리 놓는 것도 방법이겠지만 후유증이 남겠지. 그럴 때 비록 소수 의견이었지만 안정성을 이유로 반대한 사람에게는 그 부분을 보완할 수 있도록 책임 있는 지위를 준다거나, 환경오염을 이유로 반대한 사람과는 이를 최소화할 방안을 함께 연구한다든가, 이런 식으로 참여시킬 수 있지 않느냐는 거야.

남경태 결국은 함께 가려는 다수의 의지가 중요한 거지. 형이 말한 대로 소수 의견을 배려하는 관용을 그냥 너그러운 태도가 아니라 모두에게 이익을 가져다주는 하나의 지혜로 바라보는 관점이 중요한 거 같아.

이번에는 다른 경우를 생각해보자고. 어떤 정책을 결정할 때는 소수 의견이 반영될 가능성이 있지만 그 판단이 개인의 운명과 연관되어 있다면 어떨까. 예컨대 사형을 시킬 거냐 말 거냐를 두고 배심원들의 의견이 다르다면? 너무 극단적인가?

고성국 나는 사형 제도 자체에 의문을 던져야 한다고 봐. 부서진 건물은 다시 지으면 되지만 사람 목숨은 되돌릴 수 없잖아. 인간이 다른 인간에 대해 그런 판단을 할 수 있을까?

남경태 그렇지. 하지만 난 본인도 인정한 명백한 범죄일 경우 사형 제도도 의미가 있다고 봐. 흔히 사형 제도를 반대하는 근거로 사회적 보복이라는 점을 강조하는데, 보복은 전근대적이고 감정에 치우친 거니까 나도 나쁘다고 봐. 그보다 내가 사형 제도를 찬성하는 이유는 끔찍한 범죄를 저지른 범인에게 사형을 언도하는 게 오히려 그 사람의 인권을 보장하는 거라고 생각하기 때문이야. 겉모습만 인간이라고 해서 인간은 아니잖아. 사형을 선고받을 정도라면 인간이기를 포기한 자인데, 그에게 인간으로서 최후의 자존심을 지키는 길은 목숨으로 속죄하는 것뿐이라고 봐. 다른 사람은 미안하니까 나를 예로 들면, 만약 내가 그런 범죄를 저질렀다면 형부터 앞장서서 내 마지막

"결국은 함께 가려는 다수의 의지가 중요한 거지. 형이 말한 대로 소

수 의견을 배려하는 관용을 그냥 너그러운 태도가 아니라 모두에게

이익을 가져다주는 하나의 지혜로 바라보는 관점이 중요한 거 같아."

_남경태

인권을 보호해줘. 나를 사형시켜달라고. (웃음) 그건 그렇고 관용의 문제로 돌아가서, 비록 결정은 다수에 의해 이루어지더라도 끝까지 소수를 안고 가는 것이야말로 성숙한 사회의 관용적 태도라고 봐.

고성국 그래서 관용을 사회적 측면에서 봐야 한다는 거지. 물론 개인적으로도 필요한 덕목이지만 우리가 사회 운용의 원리로 내면화해야 할 필요성이 있다는 거야. 프랑스 사회가 대표적이지. 볼테르의 유명한 말이 있잖아. "나는 당신의 의견에 반대하지만 당신이 당신 생각을 주장할 자유를 위해서는 내가 목숨을 걸고 같이 싸워주겠다." 내 생각도 중요하지만 그 사람의 생각, 그 사람이 자유롭게 생각할 권리도 중요하다는 거거든. 이런 똘레랑스(관용)의 정신을 치열하게 실천한 게 에밀 졸라잖아.

남경태 유대인이라는 이유로 무고하게 형을 선고받은 드레퓌스를 구하고자 저 유명한 "나를 고발하라"는 글을 썼지.

고성국 극우 언론의 선동 탓도 있었지만, 당시 프랑스 국민 대다수가 드레퓌스의 유죄를 의심하지 않았지. 후에 진범이 붙잡혔는데도 말이야.

남경태 그때도 드레퓌스의 무죄를 주장했던 소수가 있었지. 다만 다수의 목소리에 묻혀 있었던 거고. 양심적 지식인으로서 그런 부정의를 두고 볼 수는 없었을 거야.

관용의 정치, 정치의 관용

고성국　　드골도 똘레랑스의 정신을 실천한 인물이었어. 그가 대통령일 때 프랑스 식민지였던 알제리에선 독립 전쟁이 한창이었지. 지식인들은 전쟁에 격렬하게 반대했어. 사르트르가 대표적인 인물이었지. 법무부에서 사르트르를 구속하자는 의견을 올렸어. 정치적 반대자니까. 하지만 드골은 달랐어. 사르트르의 구속을 반대했단 말이야. 드골이 굉장한 우파 정치인이고 사르트르야말로 대표적인 반정부 지식인이었지만 그 정도의 똘레랑스는 지켜낼 자신감이 있었던 거야. 쉽게 말해서 품위가 있는 거지.

　한 가지 더 사례를 들게. 1989년에 유럽에 배낭여행을 간 적이 있어. 런던에 들렀는데 때마침 트라팔가 광장에서 대규모 시위 현장을 보게 됐어. 굉장히 격렬했지. 수십 년 만에 화염병이 등장했다고 하니까. 당시 대처가 정권을 잡고 긴축 정책을 쓰면서 기업에 대한 세금을 줄이는 대신 부족분을 채우려고 인두세를 도입했거든. 사태가 커지자 보수당 정권이 긴급회의를 열었지. 그때 한 젊은 보수당 의원이 국가 정통성을 흔들고 여왕 폐하를 모독하는 시위대들은 최루탄을 써서라도 진압해야 한다고 주장해. 우리에겐 아주 익숙한 논리지. 그런데 여기서 놀라운 일이 발생해. 그날 밤 보수당 원로들이 긴급 회동을 갖고 그 의원을 제명하기로 결의하지.

남경태　　자기 당 의원인데? 그것도 자기들의 정책에 반대하는 시위대를 강력하게 진압하자는 얘기를 했을 뿐인데?

 그렇지. 이유는 하나야. 어떻게 자국민에게 한국 같은 미개한 나라에서나 쓰는 최루탄을 쏘자고 할 수 있느냐는 거야. 그런 건 동물들에게나 쓴다는 거야. 천박하다는 거지. 보수당 당원의 명예를 심각하게 훼손했으니 제명해야 한다는 거였어. 뜻이 달라도 우리 국민이다, 우리 국민은 동물이 아니다, 라는 거야. 그런 당당함과 자신감이 있었던 거지.

 맞아. 나는 그런 부분이 우리 민주주의가 서구 민주주의보다 뒤진 측면 중 하나라고 생각하거든. 시민 사회의 역할은 현대에 와서 더욱 중요해지고 있다고. 가까운 일본만 해도 그래. 중요한 순간에 시민들이 제 역할을 해주거든. 최근 후쿠시마 원전 사고 때도 NGO들이 맹활약했고. 만약 NGO들이 아니었으면 방사능 누출 사실을 쉬쉬하고 수수방관한 도쿄전력과 일본 정부의 말만 듣다가 그 피해가 더욱 커졌을 거야. 이걸 역으로 따져보면 일본 사회에도 소위 말하는 '국가의 기밀'보다 시민의 안전을 더 큰 가치로 여기는 '관용'이 자리 잡고 있다고 봐야 한다는 거거든.

 시민이 성숙해야 비로소 관용이 사회 운용의 중요한 원리로 정착될 수 있어. 우리는 유럽 국가들이 가지고 있는 똘레랑스가 없어.

남경태　유럽은 시민 사회라는 굳건한 토대가 있잖아. 입법부, 행정부, 사법부 자체가 시민 혁명을 통해 쟁취한 거니까 이들 국가 기관이 시민을 위해 존재한다는 생각이 아주 투철하지. 그런 과정 없이 제도만 받아들인 우리하고는 아무래도 사정이 다를 거 같아. 우리는 역사적으로 국가 권력이 모든 걸 독단적으로 처리했고 국민도 그걸 당연히 여겨왔으니까 '나랏일'에는 무조건 협조해야 한다는 정서가 강하지. 그래서 중요한 국가 정책이 '국익'을 이유로 강행되는 경우도 허다하고. 시민이 국가에 요구하는 것보다 국가가 시민에게 요구하는 걸 더 당연하게 생각하지. 시민의 성숙과 관련해서는 우리의 독특한 역사적 경험도 고려해야 할 거 같아. 일제 강점기와 전쟁을 거치면서 생존을 보장받는 게 중요했으니까. 일단은 '국가'라는 안전망이 필요했던 거야. 그래서 개인보다 국가가 우선하는 걸 쉽게 반대하지 못하는 거잖아. '국익'이라면 끔벅 죽는 이유도 그런 걸 거야. 그나마 나라 없는 설움보다는 낫다고 생각하는 거지. 어릴 때 국민 교육 헌장이라는 걸 학생들에게 강제로 외우게 했는데, 거길 보면 "나라의 융성이 나의 발전의 근본임을 깨달아야 한다"는 말이 나와. 참 징그러울 정도로 국가주의적이고 집체주의적인 사고 아냐?

고성국　국가 이데올로기가 역대 정권에 의해 지속적으로 강화되어왔다는 것은 부정할 수 없는 사실이야. 하지만 세상이 달라졌잖아. 그동안 시민의 권리, 인권에 대한 감수성도 개선됐다고 생각해. 특히 인권을 뛰어넘는 국익이란 없다는 게 내 생각이야. 인간 나고 국가 났지,

국가 나고 인간 난 것이 아니라는 거야.

 국가 기관도 그렇지만 우리 학계에도 그런 똘레랑스 정신이 필요할 거 같아. 그럼 이번엔 학문 분야의 똘레랑스에 대해 이야기해 보자고.

관용과 개방성이 주는 힘

 내가 모시던 한배호 선생님 이야기를 해볼까 해. 지금 우리나라 정치학계, 사회 과학계에서 활동하는 사람들을 4세대라고 해. 1세대는 일제 강점기에 활동하던 사람들이고. 정치학, 사회학이라는 게 서양에서 온 학문이잖아. 당시 일본에서 서양 학문을 배우거나 운 좋게, 아니 운이 좋았다기보다는 돈이 많았겠지, 부유한 귀족 집안 자제들이 미국이나 유럽에 건너가 학문을 배웠다고. 그런 사람들이 1세대인 거야. 이들 대부분이 동경제국대학교 출신이었지. 이런 사람들이 해방 후에 우리나라 각 분야의 학문을 정립했다고. 그게 우리나라 사회 과학, 우리나라 근대 학문의 시작이야. 2세대는 해방 후 미국으로 건너가 학문을 배운 세대야. 당시에는 미국이 최강대국이었잖아. 전승국인 데다가 학문적으로도 앞서 있었지. 그래서 선진 문물을 배우자며 많은 사람들이 미국으로 가. 그렇게 40, 50년대 미국으로 유학가서 60년대에 한국으로 돌아온 사람들, 이들이 바로 2세대야. 당시

해외 유학 가는 사람 열 명 중 여덟아홉 명은 미국이었지. 나머지 1~2명 정도가 유럽으로 갔어. 그런데 유럽의 학풍은 미국하고 좀 달라서 예컨대 정치 경제학처럼 비판적인 공부도 많이 했다고.

남경태 유럽 지성의 역사가 미국보다는 아무래도 오래됐으니까.

고성국 유럽에서 사회 비판적 지식인들이 많이 배출됐거든. 우리나라에서 유학 간 사람들도 많은 영향을 받았지. 당연히 독재 정치에 비판적일 수밖에 없었어. 정권의 탄압이 시작됐지. 박정희 정권이 조작한 동백림 사건[1]에 연루된 사람들도 유럽에서 유학한 지식인들이었어. 미국에서 공부하고 돌아온 2세대는 학계의 주류가 됐고, 유럽으로 간 2세대 중에는 아예 못 들어온 사람도 있고 그래.

남경태 미국과 유럽이 많이 다르네.

고성국 나를 포함해서 70~80년대에 대학에서 공부한 사람들은 바로 2세대의 제자라고 할 수 있어. 그런데 배우다 보니까 문제가 자꾸 드러나는 거야. 사회 과학이라는 게 당대의 현실을 과학적으로 살피는 거잖아. 그런데 맨날 미국 얘기만 하는 거야. 정작 우리 현실에 대한 이해가 부족하더라고. 그래서 이런 미국 중심의 사고를 거부하고 스스로 비판적인 학문을 만들어낸 사람들이 바로 제3세대야. 이들은 미국 유학을 안 가. 당시는 교수가 되려면 미국 유학이 필수 코스였지만 그렇게 안 한 거야. 87년 6월 민주 항쟁 이후에는 사회 분위기상 미국 유학 경력이 일종의 콤플렉스였다고. 남들은 목숨 걸고 독재 정권과 싸우는데 편하게 외국 나가서 공부했다 뭐 그런 거였지.

남경태   요즘 말로 하자면, 사정이 어려운 친구를 외면하고 몰래 '스펙'이나 올리고 있었다, 그런 식이 되는 거지.

고성국   그런데 90년대는 또 분위기가 달라져. 그런 콤플렉스를 느낄 이유가 없다는 거야. 공부하는 데 그곳이 미국이건, 일본이건, 유럽이건 무슨 상관이냐는 거지. 그래서 자유롭게 미국에서도 공부했다가 다시 일본으로 건너가서 공부하는 사람들이 생기고 이들이 지금의 소장파인 4세대야. 1세대만 해도 원죄 의식 같은 게 있었다고. 식민 지배국인 일본 제국주의의 학문을 배워왔으니. 그래서 후배들한테도 고개 숙이고 다니고.

남경태   적극적으로 친일을 하지는 않았지만, 자기 양심에 비추어 미안하고 부끄러운 거겠지.

고성국   그렇지. 반면 2세대는 냉전 시대 최강국인 미국 문화의 세례를 받고 소련을 비롯한 구사회주의 계열의 학문하고 적대적인 관계 속에서 공부했던 사람들이야. 이데올로기적으로 각이 져 있는 세대지. 굉장히 전투적인 사람들이야. 내가 배운 한배호 선생님은 바로 이 2세대의 대표주자야. 젊은 시절에 이미 미국 정치학회의 이사를 지냈으니까 미국 주류 사회에서도 인정하는 주류 정치학의 대표였지. 내가 이분한테 배웠어. 내 석·박사 논문을 그분이 지도하셨는데 그때 하신 말씀이 이래. 나는 학문적으로나 정치적으로나 너하고 입장이 다르다. 하지만 너의 논문은 나름대로 학문적 완결성을 갖고 있다. 박사 논문을 통과시키는 것은 그걸 인정한다는 뜻이다. 앞으로 정진해라.

남경태　차이와 차별이 확실히 구분되는 거지. 바로 그게 관용의 모토 중의 하나인데. 관용을 몸소 실천하신 분이구나.

고성국　운 좋게 좋은 선생님을 만난 거지. 덕분에 나는 나하고 생각이 다른 주류 정치학이 어떤 것인지를 정말 제대로 배울 수가 있었어. 그러기가 쉽지 않거든. 주류 정치학 하는 사람들은 주류 정치학만 하고 반대로 비판적인 정치학을 연구하는 사람들은 그것만 하지.

남경태　경제학에서 주류 경제학과 정치 경제학이 그런 것처럼 말이지?

고성국　그래. 서로 교류가 없어. 그런데 나는 선생님 덕분에 비판 정치학을 한 입장에서 주류 정치학을 잘 알게 된 거지. 또 하나 배운 점은 바로 학문하는 태도야. 학문하는 자의 관용과 개방성이 어떤 것인지를 보여주신 거지.

남경태　그 연배에 그런 사고를 가지기가 어려운 건데 말이야. 난 왜 지금껏 그런 선생님을 한 번도 모셔보지 못한 걸까? (웃음)

고성국　더구나 상당한 권위를 갖고 계신 분이잖아. 그런 분이 학문의 다양성을 말씀하시면서 교수 충원을 할 때도 비판적인 교수들을 과감하게 발탁하셨어. 그중 한 분이 최장집 선생님이고. 그래서 고려대학교 정치외교학과에는 지금도 보수적인 성향의 교수와 진보적 성향의 교수들이 골고루 활동하고 계시지. 학문적 성과가 높은 것도 그런 이유라고 생각해. 이게 관용이 주는 힘이야. 관용과 개방성이 만들어내는 힘이지.

남경태　좀 다른 얘기처럼 들리지만, 부르주아지의 타도를 외치던 마르크스가 프롤레타리아 해방은 부르주아 해방이기도 하다고 말했단 말이지. 비슷한 예로 증산도(甑山徒)를 창시한 강증산이 어느 날 여성이 최고가 되어야 한다는 취지의 말을 했대. 그러자 이 말을 들은 제자가 "그러면 여성이 남성보다 우위에 있어야 된다는 말입니까?" 하고 묻자 강증산이 너털웃음을 터뜨렸다는 거야. "예끼, 이 사람아, 그게 아니라 다 똑같다는 말이야." 그는 여성의 지위만을 이야기했지만 그 내막에는 여성의 지위가 올라야 남성도 자유로워진다는 뜻이 숨어 있었던 거야. 나는 관용도 이와 같은 관점에서 해석하고 싶어. 결국 관용이라는 게 자기를 위한 거라는 거지.

    그런데 사람들은 그런 관용의 미덕을 잘 이해하지 못해. 한배호 선생님도 처음에는 정치 경제학에 대해 다소 비판적이었어. 미국에서 돌아와 교수 생활을 할 때 비판 정치학을 하거나 데모하는 애들은 공부하기 싫어서 그러는 거라고 생각하셨다고 해. 30대 초반에 교수를 하셨으니까 그럴 만하지. 당신은 그 나이에 공부에만 매달렸잖아. 그러다가 생각이 바뀌는 거야. '아, 데모를 하는 학생들도 공부를 열심히 하는구나, 나름대로 진정성을 가지고 하는구나!' 하고 생각하신 거지. 그러면서 그 이유가 궁금해진 거야. 그 계기가 바로 김태일 교수야.

이분은 유신 때 민주화 운동을 하다가 긴급 조치 위반으로 감옥살이를 하고 나서도 한참 동안 복학이 안 되다가 늦은 나이에 학교로 돌아왔지. 그리곤 한배호 선생 아래서 조교 생활을 오랫동안 했어. 그런데 이분이 품행이 굉장히 단정하거든. 오랫동안 안동에서 양반 문화를 접하고 자라서 그런지 몰라도 딱 보기에 전혀 데모할 사람처럼 보이지가 않는 거지. (웃음)

한배호 선생이 보기에 이런 모범생이 데모를 주도하고 잡혀갈 정도면 뭔가 이유가 있다 싶은 거야. 세상을 관용적으로 다시 보게 된 거지. 관용이라는 게 이처럼 어떤 계기가 있어야 한다고 생각해. 얼핏 쉬워 보이지. 그냥 이해하면 되니까. 하지만 관용은 가진 자들, 힘 있는 자들이 하는 거잖아. 그런 사람들은 세상을 자기중심으로 보게 마련이야. 그래서 정말 특출하게 훌륭한 사람이거나 그 사람 인생에 특별한 계기가 없으면 관용을 체득하기가 어려운 거야.

균형 있는 사고, 더불어 사는 지혜

남경태　그나마 학문에서는 균형 있는 사고를 해야 하잖아. 그렇지 않으면 학문의 성과 자체가 떨어지니까. 그런데 일상에서는 머리로는 이해하더라도 굳이 실천해야 할 동기랄까, 필요성이 부족하게 느껴지는 경우가 있어. 다른 사람의 생각과 입장을 배려해야 한다, 교과서적인 얘기 아니야? 그걸 모르는 사람이 있을까? 학교에서도 가르치고 언론에서도 강조하는 내용이지. 하지만 생활에서는 안 그런단 말이지. 예컨대 자기가 정권을 잡은 상태에서 어떤 정책을 실행한다고 했을 때, 반대하는 사람이 있을 거 아니야. 그럼 이 의견을 수용해야 하는 게 맞고, 머릿속으로도 그렇다고 생각하지만 실제로 그렇게 못하거든. 밀어붙여야 할 때가 많아. 왜냐면 그렇게 관용적으로 반대 의견을 용인하면 '국론'이 분열되는 것처럼, '국익'이 손상되는 것처럼 비춰질까 봐 두려운 거야. 그리고 더 중요한 건 그렇게 함으로써 정권을 잡은 세력이 뭔가 힘에서 밀리는 거 아닌가 하는 인상을 줄 수도 있거든.

　이런 상황에서는 관용을 베풀라고 설득하기가 어렵다는 거지. 그래서 관용이 주는 실질적인 이익이 뭔지를 계속 강조해야 한다고 생각해. 다른 사람을 배려했을 때, 나와 다른 입장을 고려했을 때 그냥 도덕적인 위안만이 아니라 실질적인 이득을 얻지 못한다면 관용이 널리 퍼지기는 어려울 거야. 예컨대 아까도 말했지만, 기업이 발전하려면 평사원들의 창의적인 제안을 십분 활용해야 한다거나. 부자들이 그 부를 지키려면 사회 시스템을 안정적으로 유지해야 하고 그러려면 노블레스 오블리주를 실천해야 한다는 식으로 말이지. 예를 들어 소수파가 없으면 민주주의도 죽는다고 하면 사람들이 좀 더 관용을 가질 수 있지 않을까. 도덕적 선택의 문제가 아니라 당위의 문제로 생각하는 거야.

고성국 그렇지. 주의해야 할 게 관용은 강자들이 베푸는 선의 즉, '동정'하고는 다르다는 점이야. 그만큼 가졌으니 이 정도는 베풀어야 하지 않느냐는 식으로 접근하면 곤란하다는 거야. 예컨대 초과 이익 공유제라는 것도 아까 네가 말한 것처럼 사회 시스템을 유지하기 위해 필요한 제도거든. 중소기업이 살아야 대기업이 살잖아. 바로 관용을 제도화한 거지. 대기업이 목표한 이익을 초과했을 때, 그걸 협력 업체들과 나누자는 얘긴데, 사실 대기업이 잘된 건 그 밑에서 열심히 일한 협력 업체 덕분이기도 하거든. 이걸 공존과 상생의 제도로 이해하지 않고 많이 벌었으니 그만큼 내놓아라, 라고 해석하면 문제가 생겨. 삼성 이건희 회장이 그랬잖아, 지금 공산주의 하자는 거냐고. 자기 걸 뺏는다고 생각하는 거지. 하나만 알고 둘은 모르는 거야. 그런 식으로라도 중소기업들을 살리지 않으면 우리 경제의 토대가 무너지고 그렇게 되면 아무리 대기업이라도 살아남지 못해. 협력 업체 없이 어떻게 제품을 만들겠냐고. 산업 생태계에 대한 인식이 부족한 거야.

남경태 멀리 보면 그게 삼성에도 분명 이익이 될 텐데 말이야.

고성국   그렇지. 협력 업체뿐만이 아니라 오늘날의 삼성을 있게 한 노동자들을 대하는 태도에서도 관용의 부재가 드러나. 예컨대 삼성은 지금도 무노조 원칙을 고수하잖아. 그런 식으로 노동자들의 권리를 부정하면 갈등이 폭력적으로 번지게 돼 있어. 과거 노동 운동의 역사가 이를 증명하잖아. 현명한 기업가는 관용의 제도화를 먼저 선택해.

남경태   그러지 않으면 안 되도록 국가가 제도적으로 강제를 해야겠지. 도덕적인 재벌 총수가 나타날 때까지 기다리는 것보단 그게 훨씬 효과적일 거야.

고성국   정치학에서는 이걸 수동 혁명(passive revolution)이라고 설명해. 피압박 계급이 혁명을 통해 갈등을 해결할 때까지 기다리는 게 아니라 국가가 먼저 나서서 조정자 역할을 하자는 거야. 국가는 우리 사회 전체를 유지해야 하는 의무가 있잖아.

남경태   가장 큰 조정자지. 합법적인 권력을 가졌고.

고성국   10개의 기업 중에 거짓말하고 폭리를 취하는 기업이 한두 개 있다고 쳐봐. 국가 전체의 이익을 생각해야 하는 정부 입장에서는 고민을 할 거라고. ‘저것도 기업 활동이니까 개입하지 말고 그냥 내버려둘까? 아니야 그러면 반기업 정서가 팽배해져 결국 해당 기업만이 아니라 모든 기업이 손해를 볼지도 모르는데.’ 하고 말이지. 그렇게

"관용은 강자들이 베푸는 선의 즉, '동정'하고는 다르다는 점이야. 그 만큼 가졌으니 이 정도는 베풀어야 하지 않느냐는 식으로 접근하면 곤란하다는 거야." _고성국

"관용은 강자들이 베푸는 선의 즉, '동정'하고는 다르다는 점이야. 그 만큼 가졌으니 이 정도는 베풀어야 하지 않느냐는 식으로 접근하면 곤란하다는 거야." _고성국

되면 세금 수입도 줄어들 테니 정부는 판단을 해야 한다고. 전체의 이익을 생각하면 반드시 해당 기업을 엄벌에 처해야 해. 그래야 국민들이 '아, 우리 정부는 기업이라 해서 무조건 감싸지 않고 나쁜 짓을 하는 기업은 혼을 내는구나.' 이렇게 인식할 수 있을 거 아니야. 이렇게 되면 국민들도 정부와 기업을 지지하고 이로써 기업들이 열심히 일할 수 있는 환경이 조성된다는 거지.

정부라는 게 대체로 기업의 이익, 기득권의 이익을 보호하는 데 적극적이지만, 경우에 따라서는 전체의 이익을 위해 개별 기업의 횡포에 엄격할 수 있다. 이게 자본주의 국가의 상대적인 자율성이거든. 그것을 구현하는 국가 기구가 감사원, 검찰, 공정거래위원회, 금융감독위원회, 이런 것들이지. 덩치 크다고 힘세다고 반칙은 안 하는지 공정하게 규칙은 잘 지키는지 감시하는 거야. 그동안은 이런 국가 기구들이 제 역할을 못 해왔지. 민주 정부가 들어선 이후로는 좀 나아졌지만 과거 군부 독재 정권 시절에는 재벌 기업들과 한통속이 되어서 감시는커녕 서로 편의를 봐주는 식으로 해왔거든. 정경 유착이라는 말도 그래서 나온 거고. 국민들도 이 사실을 잘 알고 있었어. 독재 권력과 경제 권력이 지켜온 오랜 부패의 사슬을 끊자는 게 6월 항쟁, 그 이후의 7, 8, 9월 노동자 대투쟁이었지. 모순이 깊어지면 폭발하기 마련이야. 서서히 가스가 차오르듯이. 이 가스를 조금씩 제도적으로 빼주자는 게 아까 말한 그람시의 수동 혁명 개념이야. 국가가 모순이 임계점에 다다르지 않도록 사회적 약자의 편을 들어주는 거지. 그래야 체제가 유지되니까.

남경태 노동자와 자본 양측을 모두 건강하게 만들 수 있는 방책이기도 해.

고성국 그렇지. 그런 역사의 교훈을 잘 알아차리고 발 빠르게 대응하는 기업이 오래갈 수 있는 거고. 그래서 이렇게 혁명 없이 점진적으로 개혁하고 개선해나가는 게 현대 국가의 역할 중 하나라는 거야. 이런 정신 이런 통치 방식의 핵심이 바로 관용이야.

남경태 경제적인 관용이라고 할 수 있겠네. 혁명을 방지하는 용도가 있고. 역시 관용이 어느 혼자만 사는 게 아니라 너도나도 사는 길인 거 같아.

고성국 관용은 개인적 차원에서 시작해 사회적 차원으로까지 나아가는 거야. 노약자나 장애인에게 자리를 양보하는 것은 개인적인 도덕과 윤리지만 지하철이나 버스에 장애인·노약자 보호석을 설치하는 것은 사회적·제도적 관용이지. 선진국일수록 사회적 약자에 대한 관용은 국가 운영 원리, 사회 운용 원리로 통용되는 거야.

남경태 강자가 약자를 배려해서 조화롭게 공존하는 건 중요하지만 달리 생각해보면 가식적이지 않을까? 예컨대 마르크스주의 시각에서 보자면 자본가들이 자본을 축적하기 위해서는 상품을 만드는 것만이 아니라 소비할 사람이 필요하잖아. 그래서 자본가는 한편으로 노

"강자가 약자를 배려해서 조화롭게 공존하는 건 중요하지만 달리 생각해보면 가식적이지 않을까? 예컨대 마르크스주의 시각에서 보자면 자본가들이 자본을 축적하기 위해서는 상품을 만드는 것만이 아니라 소비할 사람이 필요하잖아. 임금도 어느 정도 유지해야 노동자가 상품을 구매할 수 있을 테니까." _남경태

"강자가 약자를 배려해서 조화롭게 공존하는 건 중요하지만 달리 생각해보면 가식적이지 않을까? 예컨대 마르크스주의 시각에서 보자면 자본가들이 자본을 축적하기 위해서는 상품을 만드는 것만이 아니라 소비할 사람이 필요하잖아. 임금도 어느 정도 유지해야 노동자가 상품을 구매할 수 있을 테니까.

동자를 최대한 착취해 이윤을 극대화해야 하지만 그게 지나치면 안 된다는 거지. 임금도 어느 정도 유지해야 노동자가 상품을 구매할 수 있을 테니까. 노동자를 쥐어짜야 하지만 굶어 죽게 놔두면 안 되는, 그래서 한 손으로는 착취하면서도 한 손으로는 베풀어야 하는 거거든. 이걸 어떻게 받아들여야 할까?

고성국   애덤 스미스의 『국부론』에 보면 이런 이야기가 나오잖아. "약탈적인 것은 자본주의 발전에 좋지 않다." 즉 애덤 스미스나 마르크스나 모두 자본주의가 건강하게 발전하기 위해서는 관용이 제도화되어야 한다고 본 거야.

차이와 다름을 인정하는 마음

남경태   어쨌든 사회적 강자라 해도 관용을 받아들일 수밖에 없는 측면이 있는 거네. 경제적 관용은 그렇다 치고 취향 혹은 인식의 차이에서 보는 관용은 어떨까? 보통 사람들 간의 관용 말이지. 예컨대 학교에서 일어나는 '왕따' 같은 거. 개인적으로 참을 수 없는 게 바로 약한 아이를 괴롭히고 차별하는 건데, 이런 것 역시 관용의 문제라고 할 수 있지 않을까. 싫어한다고 해서 떼로 몰려 괴롭히면 안 되는 거니까. 이걸 위해서는 서로 다름, 즉 차이를 이해하고 받아들이는 태도가 중요할 거 같아. 아이들은 본능적으로 다름을 인식하는데, 이걸 그

대로 놔두면 인식이 곧 차별로 이어지거든. 얘는 피부가 이상하고 얘
는 귀가 이상하고 뭐 그러면서 서로 놀리잖아.

고성국　지금 얘기한 대로 차이에 대한 반응은 본능이야. 눈에 보이는
대로 느끼는 거야. 이건 안 가르쳐줘도 알아. 사물의 특징을 인식하고
변별하는 건 인간의 기본적인 인지적 활동이기 때문이지. 다만 그 차
이에 의미를 부여하는 건 사회적 차원이야. 어른이 가르치고 TV 같
은 매체가 가르치는 거지. 그래서 차이에 대한 교육을 어떻게 하느냐
가 중요하다는 거야.

남경태　그렇게 말하니까 생각나는 일이 있는데 예전에 아는 선배가
이런 얘길 하더라고. 자기는 동성애자가 싫다는 거야. 차별하면 안 되
는 걸 알지만 어쩔 수가 없다는 거지. 솔직하게 말해서 만약 자기 아
들이 동성애자를 데려와서 살겠다고 하면 그걸 용인할 수 있겠느냐
는 거야. 그래서 나는 나도 이성애자이기 때문에 당황스러울 거 같다,
하지만 아이가 정말 원한다면 어쩔 수 없지 않으냐고 말했지. 하지만
그 선배는 그래도 자기는 절대 용납 못 할 거 같다고 하더군.

고성국　용납이라는 말이 어울리는지 모르겠지만, 그런 상황에서는 달
리할 수 있는 일이 없어.

남경태　내가 보기엔 그 선배도 마찬가지 생각일 거야. 하지만 그게 남

의 일이 아니라 '내 일'일 때도 그럴 수 있느냐는 거지. 그래서 나는 당위도 중요하지만 사람들이 갖고 있는 일반적인 정서도 고려해야 한다고 생각해.

  내 얘기는 뭐냐 하면, 그걸 인정하고 안 하고의 문제라기보다는 그러면 어쩌겠느냐는 거야. 그렇다고 아들과 의절을 해? 물론 그럴 수도 있겠지. 하지만 그게 정말 옳은 일일까?

  아들을 잃게 되겠지. 결국은 자기 손해야.

  그래. 그래서 나는 그 선배처럼 완강한 사람을 설득할 때는 인정 안 하면 결국 당신이 손해를 보지 않느냐, 이런 논리가 필요하다고 봐. 상대를 부정하거나 비난해서 해결될 일이 아니라는 거지. 그런데도 어떤 사람들은 동성애자가 가족을 해체시킨다며 데모를 해. 참 난감한 일이지.

  그래도 싫은 건 어쩔 수 없는 거 아닐까? 동성애자에게 테러를 가한다거나 사회적으로 불이익을 준다거나 하는 건 잘못된 일이지만, 예컨대 선거에 나온 동성애자 후보에게 반대표를 던진다거나 하는 것까지는 말릴 수 없잖아.

  문제는 그런 개인적 반감들이 차별을 제도화하거나, 최소한 그런 제도화를 용인할 가능성이 크다는 데 있어. 동성애자들이 차별을 이슈화하고 권익 보호를 위해 싸우는 이유도 거기에 있는 거고. 이들은 계속 사회에 요구를 할 수밖에 없지.

남경태   그래서 말인데, 나는 어찌 보면 적극적 관용보다 소극적 관용이 더 중요한 게 아니냐는 생각도 해. 특히 내가 다수파에 속할 때가 그래. 적극적 관용은 반대파를 이해하고 공감할 것은 공감하는 자세지만 소극적 관용은 반대파를 도저히 받아들일 수 없다 해도 용납하는 거지. 적극적 관용이 도덕적으로 더 높은 수준에 속하겠지만 현실적으로는 소극적 관용이 더 중요하다고 봐. 예컨대 내가 다수파인 이성애자인데 소수파인 동성애자를 적극적으로 관용할 수 있다면 가장 좋겠지. 하지만 설령 싫다 해도 동성애자를 차별하지 않는 게 소극적 관용이야. 모든 사람이 성인군자가 아닌 이상 적극적 관용만을 요구할 순 없고, 그러니까 소극적 관용이 더 큰 현실적 의미를 가진다고 봐. 국내 거주 외국인이 100만 명이 넘는 요즘 다문화를 대하는 자세가 중요한데, 여기서도 그래. 다문화가 좋은 사람은 적극적 관용이 가능하지만, 아무래도 다문화가 싫다는 사람도 있겠지. 이런 사람은 설령 자기가 싫어한다 해도 외국인에게 자기와 똑같은 인권이 있다는 소극적 관용의 정신이 중요해.

최근에는 관용과 관련된 요구 중 병역의 의무를 놓고도 의견이 엇갈리는 거 같아. 한쪽에서는 동성애자에게 강제로 입영시키는 건 가혹한 일이라고 반대하는 한편 한쪽에서는 동성애자도 군대에 갈 자유를 달라고 요구하거든.

고성국　미국의 오바마 정부는 후자를 인정하자는 거 같아. 그러려면 관련 법률도 고치고 군대 매뉴얼도 손을 봐야 하는 등 상당한 변화가 있어야겠지만 그걸 감당하겠다는 거야. 이렇게 되면 이 문제도 정치적·사회적인 이슈가 되겠지.

남경태　그래. 군대에 가든 안 가든 결국은 동성애자들의 선택에 맡기자는 쪽으로 가야 할 거야. 어떤 경우든 변화가 있겠지. 어쩌면 관용의 문제는 이런 '사회적 비용'과 밀접한 관계를 가지는 거 같아. 차이를 인정했을 때 오는 여러 가지 변화를 감당해야 하는 거잖아. 예를 들어 우리가 노약자 혹은 장애인을 보호해야 한다고 했을 때 공공시설에 엘리베이터를 설치하고 이동권 보장을 위해 계단 대신 휠체어 통로를 만들고 해야 하잖아. 돈이 들지. 까놓고 말하면 이용자가 소수인 만큼 드는 돈에 비해 효용이 적을 수도 있어. 복지 예산을 두고 의견이 나뉘는 것도 그런 측면이잖아. 결국 어디에 사회적 비용을 들일 거냐는 거지.

고성국　그렇지. 그와 함께 우리가 문화적으로 해결해야 할 부분도 있는 거고.

사회적 소통으로서의 관용

 ‘문화’라는 말이 나와서 하는 말인데, 소수 문화 혹은 인디 문화가 있잖아. 내가 음악적으로 대중적인 취향이 아니라서 말이야. 내가 좋아하는 음악은 한 번도 히트해본 적이 없어. 그렇다고 해서 내가 좋아하는 음악을 히트시켜 달라고 요구할 수도 없는 거고. (웃음) 그래서 어찌 보면 음악적으로 나는 소수자에 속하는데, 불만이 뭐냐면 우리나라 대중음악은 다양성이 없다는 거거든. 내가 좋아하는 분야는 블루스나 록, 재즈 쪽인데 접하기가 쉽지 않아. 방송이나 음반 시장에서 주류는 10대 취향이지. 걸 그룹 소녀시대가 한번 뜨면 걷잡을 수가 없어. (웃음) 다른 취향을 가진 문화적 소수자에 대한 배려가 없는 거야. 물론 주류는 어디든 다수로 존재하게 마련이지. 이걸 바꾸자는 게 아니라 문화적으로 소수에 대한 ‘관용’이 없다는 게 문제라는 얘기야. 가까운 일본만 해도 음악적 독창성은 별로 없는데도 음악적 취향에서 보면 상당히 세분화되고 개별화된 문화가 존재하거든. 아무리 댄스 음악이 세계적으로 성행한다 해도 미국이나 일본의 음악 시장은 댄스 음악 일색으로만 흐르지는 않아.

 그래서 나는 홍대앞 같은 공간이 굉장히 소중하다고 생각해. 각기 취향이 다른 사람들이 공존하는 공간이잖아. 문화의 생명은 다양성에 있거든. 어느 사회건 주류가 있으면 비주류가 있게 마련이잖아. 문제는 이 비주류가 어떤 대우를 받느냐 하는 거지. 쓸모없는 것으로 취급하고 백안시하는 사회는 문화적으로 퇴보한 사회야. 관용적인 사회는 이것이 시장 속에서 살아남을 만큼의 수요와 공급 체계를 갖고 있어야 하는 거야.

남경태   우리의 경우 원하는 사람들이 분명히 있는데도 시장성이 없다는 이유로 폐기되기 일쑤거든. 문제는 너도나도 돈이 되는 음악만 제작하고 유통시킨다는 거야.

고성국   이 문제는 정책적으로 하려 해도 잘 안 되는 부분이야. 정부가 직접 시장에 뛰어들 수도 없고.

남경태   그렇지. 문제는 음악을 '시장'으로만 보는 태도 아니겠어. 현실이 그렇다 해도 그러면 안 되는 거지. 음악 시장 전체를 한 가지 음악으로 도배한다면 결국은 음악적 근친상간이 이루어지면서 같은 음악만 반복되고 음악 특유의 다양화가 막힐 테니, 장기적으로는 손해가 될 거야.

고성국   결국은 우리 사회의 문화적 역량이겠지.

남경태   출판도 그래. 독일의 경우는 정부가 학술서를 구입해서 전국에 있는 도서관에 비치하거든. 그래서 꾸준하게 다양한 분야의 학술서가 출간되고 있어. 교육과 학문 분야에 공개념이 있기 때문에 가능한 얘기지. 아까 음반 시장에 정부가 직접 뛰어들기 어렵다고 했지만, 이미 시장화된 문화 쪽이 아닌 학술 분야에는 정책적으로 접근할 수 있지 않을까?

고성국   잠시 필리핀 쪽 얘기를 해볼게. 필리핀에 쌀 연구소가 있어. 여기엔 세계의 모든 쌀 종자들이 보존되어 있는데, 경제적 효율성만 놓고 보면 제일 수확량도 많고 맛도 좋은 쌀 종자만 있으면 되잖아. 그런데 수만 종에 가까운 이런 쌀 종자를 뭐 하러 보존하느냐 하는 질문이 가능하잖아. 여기에는 두 가지 이유가 있다고 해. 하나는 지금의 과학 기술 수준으로는 분석하지 못한 잠재력이 있을 수 있다고 보는 거야. 지금보다 발전한 후세가 연구할 수 있도록 보존한다는 거지. 그다음에 두 번째 이유는 다양성에 대한 믿음 때문이라는 거야. 그동안의 인류 역사가 입증한 사실 즉, 다양성 속에서 새로운 게 나온다는 사실 때문이라는 거지. 앞으로 더 좋은 쌀이 나오려면 다양한 품종의 쌀이 보존되어야 한다는 신념이 그들에겐 있는 거야.

남경태   장기적으로 보면 경제적 효율성이 낮은 것도 아니지. 미래에 대한 투자일 수도 있으니까. 비주류가 갖는 경제적 가치를 보존하자는 취지가 있잖아.

고성국   여기에 덧붙여서 말하자면, 같은 품종끼리만 교배하면 열성이 양산되는 이유도 있어. 아마 이런 점도 반영이 되었을 거야.

남경태 　생물학적으로 검증된 진리지. 사람도 그렇잖아. 예컨대 중세 유럽 최대의 왕족 가문이었던 합스부르크 왕가가 그래. 자기들끼리 결혼하고 살다 보니 유전병 생기고 정신 이상도 걸리고 하거든. 합스부르크 왕가 인물 초상화를 보면 유전병 때문에 다 주걱턱이야.

고성국 　우리나라 정치도 그래. 지역주의 정당이야말로 동종 교배 정당이야. 그래서 우성 인자를 가진 정치인, 뛰어난 정치인이 잘 안 나오는 거야. 나는 이것이 지금 당장도 문제지만 한국 정치의 미래를 암울하게 만드는 심각한 문제라고 생각해.

남경태 　말로는 다 전국 정당을 지향한다고 하면서도 들여다보면 여전히 자기 지역에서 못 벗어나지.

고성국 　그렇지. 문화나 정치나 다양성이 반드시 필요하고 그 출발점은 바로 관용이라고 볼 수 있는 거지.

남경태 　맞아. 그럼에도 우리가 다양성과 관용에 익숙하지 못한 건, 강한 주류 지향성 때문이 아닌가 하는 생각이 들어. 예컨대 인터넷도 그렇잖아. 매체 자체가 다양성과 개방성을 가지고 있음에도 한번 쏠리면 소수파를 매도하는 경향을 보이잖아. ○○녀, ○○남 하면서 사실을 단순화하고 상대를 집단적 매도 대상으로 전락시키지. 비교적 젊은이들이 많이 이용하는 매체임에도 이런 현상이 나타나는 건, 그리고 우리 사회에 유독 그런 현상이 심한 건 역사적인 원인도 있을 거야. 역사적으로 동양은 통일을 지향했고, 서양은 분권화를 지향했잖아. 물론 둘 다 인간의 본능이지만 동양 사회는 특히 집중과 통일에 집착하는 경향이 있어. 그래서 개인주의가 제대로 발달하지 못했고.

고성국   그게 꼭 인터넷에서만 나타나는 현상은 아닌 거 같아. 난 그게 우리나라 사람들의 특성인 거 같아. 일종의 집단주의 문화가 강한 거지.

남경태   그렇지만 인터넷은 좀 달라야 하지 않은가 싶은 거야. 유튜브에 올린 동영상 하나만 히트해도 세계적으로 이름을 날릴 수 있는 게 인터넷이 주는 다양화와 다원화의 효과잖아. 그런데 인터넷으로 마녀 사냥도 하니 말이야. 우리나라가 집단주의 성향이 강하다는 건 인정하지만, 역사적 흐름으로 볼 때도 이전과는 분명히 달라져 있단 말이지. 민주주의가 발전했고 집단적 병영 문화도 많이 사그라졌잖아. 특히 네티즌들은 젊은 세대들이고 거기서 좀 더 자유로울 수도 있는데 말이야. 그럼에도 관용의 부재가 고스란히 드러난다는 건 역시 본능이라고밖에 설명할 수 없는 거 아닌가 싶은 거야.

고성국   젊은 세대들도 차별적인 교육을 받아왔잖아. 관용보다 차별이 익숙한 거야.

남경태　그래도 지금은 우리 세대보단 좀 낫겠지? 형과 내가 젊을 때는 교육도 경직되었잖아. 군대식 교육에다 사상적 금기도 강했고. 그래도 지금은 때리면서 강요하지는 않잖아.

고성국　나도 조금씩 나아지고 있다고 생각해. 20~30년 전에 지금처럼 인터넷이 보편화되고 우리 세대가 인터넷의 주류였다면 지금보다 훨씬 더 심했을 수도 있어. 민주화와 민주주의 교육이 그래도 성과가 있었다고 생각해. 그런 의미에서 아이들에게 생명에 대해 교육을 시키는 게 굉장히 중요해. 생명에는 차별이 없잖아. 아무리 작고 보잘것없는 생명체라 해도 그 자체로 의미가 있거든. 이걸 어려서부터 이해하도록 하는 교육이 필요하다는 거야. 스스로 흙을 일구고 벌레를 옮기고 꽃을 만지는 경험들이 많은 걸 가르치거든.

남경태　그렇지. 자연에서는 차이와 경쟁도 결국 조화와 공존으로 귀결되거든.

고성국　자연 속에서 관용을 배우는 거지.

남경태　더불어 소통의 문제를 제기하지 않을 수 없어. 내가 관용적인 태도를 취하는 것도 중요하지만 다른 사람을 설득하는 것도 중요하거든. 근데 우리는 자기랑 의견이 다르면 아예 말을 안 해. 정치 얘기라면 더 심하지. 정치적 입장이 달라도 어떤 사안을 두고서는 충분히

"국가가 국민을 보호한 적이 없으니 국민은 각자 알아서 자신을 보호해야 했고 그러다 보니 더욱 그악스러워진 거 같아. 내가 큰 목소리를 내지 않고 양보하면 피해를 보는 거야. 그게 소통을 막고 있지 않나 하는 생각이 들어." _남경태

대화할 수 있잖아. 그런데 그게 안 되는 거야. 나중엔 감정 상하기 일 쑤지. 목소리 큰 사람이 이긴다고 상대를 설득하기보다 제압하려고 든다니까. 나는 그게 우리의 불행한 역사적 경험과도 관련이 있다고 생각해. 우리 근대사는 크게 보면 19세기 초반 세도 정치 이후로 약 200년간 거의 무정부 상태였거든. 혼란스런 개항기와 폭력적인 강점 기를 거치고 전쟁까지 겪었지. 그 뒤에는 독재 정권이 이어졌고 말이 야. 국가가 국민을 보호한 적이 없으니 국민은 각자 알아서 자신을 보호해야 했고 그러다 보니 더욱 그악스러워진 거 같아. 사회가 강팍 해진 것도 그런 원인이 있을 테고. 매사가 이기느냐 지느냐, 착취하느 냐 착취받느냐, 우리 편이냐 적이냐의 양자택일 문제로 가잖아. 내가 큰 목소리를 내지 않고 양보하면 피해를 보는 거야. 그게 소통을 막 고 있지 않나 하는 생각이 들어.

고성국　그렇지. 그나마 지금은 사회적 소통 공간이 많아졌잖아. 예전 엔 훨씬 심했다고. 나는 그런 역사적 경험에 더해 지금의 도시 환경 을 말하고 싶어. 수도권에 2,500만 명이 살아. 인구의 절반이 흙을 밟 지 못하고 사는 거야. 실제로 학교에서 모종 만드는 숙제를 냈는데 결국 흙을 못 구해서 포기하더라는 거야. 요즘은 학교 운동장도 우레 탄 같은 걸로 깔잖아. 그런 환경에서 우리가 살고 있다고. 이건 자연 과의 소통이 심각하게 단절되었다는 뜻이야. 내가 자꾸 자연환경을 강조하는 건 이런 게 결국은 인간관계의 단절을 불러오기 때문이야. 자연과의 교감 없이 소통 능력을 익히기란 매우 어려운 일이야. 아이들이 자연 속에서 어울려 놀기보다 아파트촌에서 학원을 전전하면서 지내잖아. 실제로 아이들이 대화하는 법을 몰라. 또래끼리 만나도 어떻게 놀아야 하는지 모르고. 조금 나이가 든 친구들은 PC방을 가. 가서 외롭게 컴퓨터 앞에서 노는 거지. TV를 보거나 컴퓨터를 하면서 자란 친구들이 상대와 소통하는 법을 어떻게 배울지 심히 우려스러운 상황인 거지.

남경태   게다가 공간적으로도 분리가 되어서, 잘사는 집 아이들은 잘사는 집 아이들끼리 모인다고. 활동 공간이 그러니까 자기랑 비슷한 애들만 사귀는 거야. 그렇게 자라서 취직하고 결혼해. 처음부터 자기와 다른 친구들을 볼 기회가 없는 거야. 그야말로 동종 교배지. 동종 교배로 번성한 생물종은 없잖아. 결국은 다 멸종하게 되지. 이런 상태에서 관용을 베풀기란 어려울 수밖에 없어. '재는 왜 점심을 굶을까? 재는 왜 저렇게 작은 집에 살지?' 하면서 아예 상대방 입장을 모르고 또 알고 싶어 하지도 않을 테니.

고성국   그래서 경기도교육청에서 하는 혁신학교, 이런 게 굉장히 중요한 실험이라는 거야. 혁신학교의 핵심이 '학교 공동체 복원'이잖아. 학교는 시험 공부만 하는 공간이 아니다. 친구들끼리 또 선생님과 학생들 사이에 서로 공감하고 소통하는 공간으로 복원하자는 거거든. 그게 성적을 떨어뜨리는 일이 결코 아니라는 걸 입증하고자 하는 거잖아.

남경태　　공동체 복원과 학업 능력 증진이라는 두 마리 토끼를 잡겠다는 거지. 사실 이 두 가지가 모순된 관계에 있는 것도 아니고.

고성국　　관용적인 사회가 되려면 다방면의 노력이 필요해. 우리가 법을 고쳐서 헌법 1조에 "대한민국 국민은 관용해야 된다." 이런다고 해서 되는 게 아니라는 거지. 아까 말한 혁신학교 같은 각계의 노력들이 수십 년 쌓이고 쌓여야 가능하다는 거야. 프랑스가 똘레랑스를 정착시키는 데 300년이 걸렸거든. 그 사이에 시민 혁명이 있었고 드레퓌스 사건이 있었고 드골이 있었지. 그 결과 지금의 프랑스 사회는 관용이 정착되었잖아. 사르코지 전 대통령이 소수 부자들을 옹호하고 사회적 약자에게 불리한 정책을 발표하자 격렬한 시위가 이어졌잖아. 프랑스인들이 오랜 세월 관용을 생활화하고 마침내 사회 운영 원리로 정착시킨 결과지.

남경태　　그걸 잘 보존하려는 노력도 필요하겠지. 우리 역사가 한걸음, 한걸음 진전해왔듯 언젠간 우리 사회에도 관용이 뿌리내리게 되겠지. 희망을 갖고 그날을 그려보자고.

주

1. 1967년 7월 8일 중앙정보부에서 발표한 간첩단 사건. 작곡가 윤이상, 화가 이응로, 시인 천상병 등이 이 사건에 연루되어 고문을 당했다. 2006년 1월 국가정보원 과거사위원회는 당시 무리한 법 적용과 불법 연행 및 가혹 행위 등에 대해 사과할 것을 정부에 권고하였다. '동백림'(東伯林)이란 당시 동독의 수도였던 동베를린을 한자로 음차한 것이다.

4

좋은 '직장'에서
좋은 '직업'으로

직업

지식 노동과 직업

남경태　요즘엔 직업의 종류도 많아졌어. 예전에는 1차, 2차, 3차 산업에 따라 직업을 분류하곤 했잖아. 근데 요즘에는 혼합성 직업이 많아져서 그런 구분이 거의 무의미한 거 같아. 직업도 화이트칼라와 블루칼라가 뒤섞이고 자영업자와 노동자의 구분이 모호한 경우도 많아. 내가 아는 어떤 사람은 강연을 전문으로 하는 사람인데 워낙 인기가 많아서 매니저가 필요할 정도라더군. 연예인도 아닌데 말이야.

고성국　미국 같으면 유명인들을 따로 관리하는 회사가 있어. 전직 대통령, 고위 공무원, 기업체 사장들이 그 대상이지. 이런 사람들을 강사 풀로 두는 거야. 이런 사람들 강사료는 상상을 초월하거든. 물론 예외적인 사례이지만 그 사람이 가진 경험과 지식이 곧 상품 가치가 되는 사회가 된 거야. 흔히 지식 기반 사회라고 하는 거지. 우리나라도 지식 산업이 발달했다고 하잖아. 문제는 실제 지식을 생산하는 사람들이 정당한 대우를 아직 못 받고 있다는 거야. 예컨대 창의적인 아이디어로 획기적인 상품을 개발한다 해도 자본력이 뒷받침되지 않으면 먹고살기가 힘든 현실이거든. 대기업들이 이런 아이디어를 손쉽게 가로채서 상품화하는 경우가 많지.

남경태　아직까지는 우리 산업 구조가 전근대적이라는 얘기지.

고성국　구조 자체가 불공정해서 그래. 진정한 의미에서 지식 기반 사회가 되려면 지식을 창출하는 사람에게 정당한 대가가 돌아가는 체계가 필요해.

남경태　예전에는 지식이라는 게 생산성을 가진다고 생각하지 않았잖아. 지식은 상품을 직접 낳지 않으니까. 나도 예전에 마르크스를 공부하면서 생산 부분과 비생산 부분이라는 개념을 도식적으로 이해했어. '생산' 하면 떠오르는 게 공장 노동이었지. 뭔가 땀 흘려 상품을 생산하는 거라는 인식이 강했던 거야. 마르크스의 시대는 산업 혁명이 절정에 달했으니까 당연히 그랬겠지. 그런데 지금은 상품의 의미도 다양해졌어. 지식도 하나의 상품으로 취급되고 있을 정도니까. 선진국일수록 지식 산업의 부가 가치가 전통적인 산업 부문에 비해 높고. 그런 걸로 보면 아직 우리나라는 완전히 선진국 대열에 진입하지는 못한 거 같아.

고성국　그렇지. 우리 사회도 지식의 가치를 제대로 지불하지 않아. 예컨대 내가 방송국에서 인터뷰 제의를 받았단 말이지. TV 뉴스에 쓰는 방송 분량은 10초에 불과하지만 나로서는 준비가 필요하거든. 시간과 노력을 들여야 하는 거지. 근데 인터뷰라는 이유로 일체의 대가가 없는 거야.

남경태　전문가와의 인터뷰인데도 아무런 대가가 없단 말이야?

고성국   대신 다른 식의 보상이 있다는 거지. 예컨대 방송에 나오면 인지도가 높아진다든지, 주변에서 알은체를 한다든지 뭐 그런 것들로 만족하라는 거야. 그런데 이건 지식 기반 사회의 모습은 아니거든. 방송을 만드는 입장에서도 정당한 대가를 지불해야 질 높은 방송을 할 수 있을 거 아냐. 더구나 그 인터뷰가 아주 중요한 사회적 의제를 다루고 있다면 더욱 그러하겠지.

남경태   그렇지. 그냥 지나가는 사람 붙잡아다가 의견을 묻는 것도 아니고. 어떤 사안에 대한 전문가의 의견을 담는 거라면 당연히 거기에 대한 비용을 지불해야지. 그냥 말만 해준 거 아니냐고 넘어가면 곤란하지.

고성국   그 사람이 알고 있는 것, 그 사람의 견해는 무상으로 제공받아도 된다고 생각하는 거야. 예컨대 남자들은 모이면 정치 얘기하잖아. 저녁 술자리 모임에서 이런저런 얘기를 하다가 갑자기 내게 물어. 전문가는 어떻게 생각하느냐고. 한두 번은 괜찮은데 자꾸 그러면 난감해지더라고.

남경태   노래방 가서 가수 친구한테 "노래 좀 불러봐라." 이런 거랑 같은 거야.

고성국   그렇지. 의사 친구한테 "내 몸 상태가 이런데 진단 좀 해주

라.” 변호사 친구한테 “법률 자문해주라.” 이런 거거든. 꼭 대가가
필요하다는 게 아니라 그런 요구는 사적인 자리에서 자제했으면 한
다는 거지.

남경태　그 사람을 직업인, 전문가로 올바르게 인정한다면 그러지 않
겠지. 무형의 상품에 대한 이해가 부족한 거야. 환자도 외과 의사와
정신과 의사에 대한 반응이 다르잖아. 똑같은 진료인데도 정신과 진
료를 받으면 ‘얘기만 하고 왔는데 무슨 돈을 내? 약을 준 것도 아니
고 말이야.’ 이런 생각을 한다고. 인식이 그러니까 지식을 직업으로
삼는 사람은 살기가 힘들어. 기반이 취약하니까.

고성국　그래서 가끔 친구들에게 지금부터 돈을 얼마씩 내라고 해, 정
치 얘기해줄 테니. 물론 농담이지. 정색하고 얘기하면 아무래도 분위
기가 이상해지니까 말이야.

남경태　저작권도 그래. 예전에는 책이나 노래 같은 걸 만든 사람 허락
도 없이 베껴다 쓰고 그랬잖아. 그나마 요즘은 인식이 많이 개선되었
지만.

고성국　사실 지적 재산권이라는 게 우리 국민한테는 낯선 거거든. 예
전에는 국제 협약 같은 데 가입도 안 해서 남의 거 가져다 써도 별다
른 불이익이 없었지만 상황이 달라졌잖아. 이제 우리나라가 가진 지

적 재산권이 만만치 않아졌기 때문에 보호하지 않을 수가 없는 거야. 예전에야 우리가 일본, 미국 거 베껴서 만들었기 때문에 지적 재산권을 강조할 이유가 없었지만 지금은 중국이 우리 걸 베끼잖아.

남경태 그런 거 보면 확실히 무형의 상품을 이해하는 안목이 발달하는 게 선진국을 말해주는 하나의 지표 같아. 우리도 과거에 해적판 천국이었고 지금은 중국이 그렇잖아. 중국도 결국은 우리가 지나온 과정처럼 나중에는 지적 재산권을 보호할 수밖에 없게 되겠지.

고성국 정보화를 위해서는 중요해. 정보의 가치를 이해하고 이를 통해 부가 가치를 생산해야 지식 기반 사회가 가능하거든. 일상에서 이를 실천해나가야 하는 이유도 그렇고. 앞으로는 지식 정보 산업 분야에서 좋은 일자리가 많이 생길 거라고. 그러려면 미리 준비를 해야 하는 거야.

남경태 한 가지 더 보태면 문화가 있겠지. 원래 먹고사는 문제가 어느 정도 해결되면 사람들은 어차피 문화를 찾게 되어 있거든. 나는 21세기에 중요한 두 가지 산업 분야를 꼽는다면 정보 통신과 문화라고 봐. 물론 전통적인 굴뚝 산업도 남아 있겠지만 부가 가치는 그쪽이 훨씬 클 거라고. 문화와 정보 통신이야말로 첨단 산업의 대명사가 되겠지. 지금도 그렇지만 앞으로는 전 세계적으로 그렇게 될 거야.

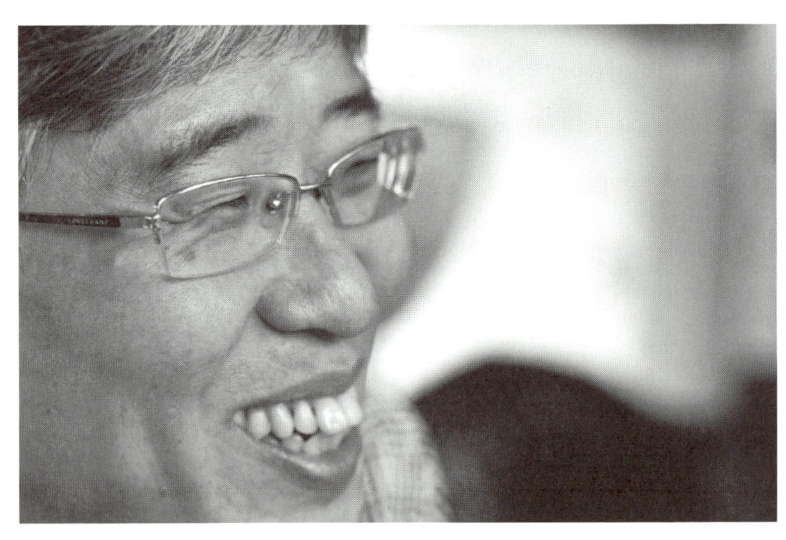

무형의 상품을 이해하는

안목이 발달하는 게

선진국을 말해주는 하나의 지표 같아

정보의 가치를 이해하고

이를 통해 부가 가치를 생산해야

지식 기반 사회가 가능하거든

변화하는 세계와 새로운 직업

고성국　다시 직업으로 주제를 돌려볼까. 돌이켜보면 나는 중·고등학교 때부터 늘 불안해했던 거 같아. 나중에 사회인이 되면 뭘 해서 먹고살아야 하나 하는 걱정이 있었지. 내가 대학을 졸업할 당시만 해도 대학만 나오면 웬만한 직장엔 들어갔거든. 그런데도 불안했던 이유는 평범한 직장인이 되기 싫어서였던 거야. 회사에서 샐러리맨 생활을 하는 것은 도저히 납득이 안 되더라고. 그럼 뭘 할 거냐? 명확한 답이 안 나오는 거야. 그렇다고 해서 농사 짓고 살기는 싫고, 육체노동자, 산업 노동자는 감당 못 하겠고, 어렵더라고.

남경태　형과 내가 학교 다닐 때만 해도 우리가 알고 있는 직업이라는 게 한정되어 있었잖아. 애들한테 직업의 종류를 말해보라면 은행원, 회사원, 선생님 등 몇 개 없었어. 게다가 산업 노동자는 공돌이, 공순이라고 천대받던 시절이었지.

고성국　그렇지. 그래서 대개 원하는 직업이 대기업 사무직이라는 건데 나로선 영 안 끌리는 거였고. 당시 그림에 관심이 있어서 화가가 되고 싶다가도 문화 예술 쪽은 굶기 좋은 직업이라고 말리는 사람이 많아서 말도 못 꺼냈다고. 지금은 대중문화·예술 관련 학과도 많이 생기고 했지만.

남경태 정치 평론가 될 줄은 꿈에도 몰랐지?

고성국 그랬지. 그런데 어느새 25년째 정치 평론을 하고 있더라고. (웃음) 처음 이 일을 시작할 때 후배들한테 큰소리를 쳤어. 직장인이나 교수, 연구원이 아니어도 먹고살 수 있다. 프리랜서, 자유 기고가 하면서 사는 모습을 내가 보여주겠다고 말이지.

남경태 약속은 지킨 셈이네.

고성국 그렇지. 지금까지 굶어 죽진 않았으니까. 근데 경제적으로 어려움이 많았어. 왜냐하면 원고료가 워낙 적고, 방송이나 매체에서 들어오는 수입도 적었다고. 대학에서 시간 강사 일을 하면서 모은 수입이 대부분이었지. 그런 시절을 거치고 나니까 후배들한테 권하지는 못하겠더라고. (웃음) 아직까지는 지식의 가치를 인정받고 그걸로 경제 생활을 영위할 수 있을 만큼 충분히 안정적인 사회는 아니라는 거야.

남경태 예전에 어느 주간지에서 취재를 나온 적이 있어. 프리랜서의 삶을 소개하는 기사였는데 취재 온 기자가 나를 너무 부러워하더라고. 출퇴근 시간 자유롭지, 위에서 뭐라 지적하는 사람 없지. 보기에 따라 그럴 수도 있겠다 싶었어. 그래서 내가 말했지. 대신 나는 월급이란 게 없다, 당연히 상여금, 퇴직금 같은 것도 없다, 정해진 수입이 없으니 늘 경제적으로 불안정하다고 말이야. 그랬더니 기자도 고개를 끄덕이더라고. 당시도 그랬지만 지금도 번역이 주 수입원인데, 완전히 혼자 하는 일이라 스트레스가 많거든. 예를 들어 35페이지 셋째 줄을 하다가 잠시 다른 볼 일이 생겼다든가, 몸이 아팠다든가 해서 며칠 손을 놓으면 다시 일할 때 조금도 진전이 없이 35페이지 셋째 줄인 거야. 회사처럼 조직 체계라면 내가 잠시 손을 놓아도 돌아가는 게 있을 텐데, 혼자 하는 일은 그런 게 전혀 없어. 그리고 번역이 끝나야 번역료를 받으니까 번역하는 몇 달 동안은 수입이 없고. 그런데도 생활비는 고정적으로 들어가잖아. 그러다 보니까 무리를 할 때도 있지.

고성국　장점도 있지. 정년퇴직 걱정은 안 해도 되니까.

남경태　꼭 그런 건 아니지만 명예퇴직과 정리 해고가 일상화된 요즘엔 그것도 나름 장점이라고 할 수 있겠네. 그래서인지 요즘은 전문직을 원하는 사람이 점점 많아지는 거 같아.

고성국　이제는 직업 자체를 고민해야 한다고 생각해. 보통은 '좋은 직장'이 관심사잖아. 사회적 지명도는 있느냐, 월급은 얼마를 받느냐를 우선 따지지. 하지만 그런 고민에는 '직업'이 빠져 있어. 직업은 개인은 물론 인류 차원에서 놓고 봐도 아주 중요한 문제야. 좀 거창하게 말하자면 나는 인류 역사가 직업 다양성의 역사였다고 생각해. 옛날에는 직업을 자기 맘대로 선택할 수가 없었다고. 부모가 농민이면 자식도 농민이고 부모가 귀족이면 자식도 귀족인 거야. 고대 그리스만

해도 전체 인구 중 10퍼센트에 해당하는 남자 성인만이 자유를 누렸
잖아. 계급이 모든 걸 결정했으니까 당연한 일이었겠지. 그러다 근대
가 되면서 달라져. 시민 혁명이 직업 선택의 자유를 가져왔지. 누구든
신분의 속박에서 벗어나 자유롭게 자기가 할 일을 선택할 수 있게 된
거야.

남경태　그런데 그 자유라는 게 사실은 이중적인 거잖아. 어차피 생산
수단이 없는 사람들은 대부분 노동자가 되어야 했으니까.

고성국　물론 그렇지. 법률적으로는 자유로워졌으나 경제적으로는 여
전히 자유롭지 않았던 거지. 실질적으로 직업 선택의 자유의 폭이 넓
어진 건 초기 자본주의 단계를 지나서야. 생산 수단이 다양해졌거든.
지식 기반 사회의 특징은 그 생산 수단이라는 게 누구나 성취 가능한
'지식'에 있다는 거고.

남경태　그러면서 직업도 많이 분화했지.

고성국　그래서 나는 우리 젊은이들도 새로운 직업의 세계를 탐색하기
를 바라는 거야. 그들이야말로 인류의 개척자라고 할 수 있어. 그러려
면 남들이 가보지 못한 전인미답의 길을 과감하게 가야 하는 거야. 물
론 실패할 확률이 높지. 그래서 사회적으로 이들을 뒷받침해주어야 하
는 거야. 직업의 다양성을 높여가려는 개인들의 노력을 뒷받침하는

것, 나는 이것이 현대 사회에 굉장히 중요한 과제라고 생각해. 인류 역사가 여기까지 진보한 것은 그런 문제의식을 갖고 부단히 노력해온 결과야. 이런 차원에서 직업 선택의 문제를 고민했으면 좋겠어.

남경태　서양의 역사에는 그런 진취적인 부분들이 확실히 보여. 14~15세기 대항해 시대에는 이베리아 반도에서 벤처 사업가가 탄생하거든. 기존의 지중해 무역 항로를 이탈리아의 도시 국가들이 장악하고 있으니까 새로운 교역로를 개척해.

고성국　말 그대로 벤처 1세대지.

남경태　포르투갈이 먼저 아프리카 항로를 개발하고 스페인은 콜럼버스를 고용해 대서양 항로를 개척하지. 물론 식민지 개발이라는 목적이 있었지만 기존 체제에 안주하지 않았다는 것만큼은 평가를 해줘야 할 거 같아.

고성국　위험 부담을 안고 갔잖아. 가다가 배가 뒤집히기도 하고 빈손으로 돌아오기도 했지.

남경태　그런데 여기서 눈여겨볼 게 그 과정에서 자본주의 토대가 만들어진다는 거거든. 물론 실제로 자본주의 시대가 오는 건 2~3세기 후지만 이미 그때 자본주의의 원형이 확립되는 게 보여. 미지의 세계를 향한 항해의 과정에서 은행, 투자, 주식, 보험 같은 근대적 자본주의 금융 시스템이 생기잖아. 은행만 해도 그래. 무역을 하던 사람들 중 하나가 동료들에게서 의뢰를 받아 자연스럽게 돈을 관리하는 노릇을 하게 되고, 이게 나중에 은행으로 발전한 거지. 창업 투자도 이미 그때 시작됐어. 왕실이나 부자들은 단독으로 무역 선단을 꾸렸지만 돈이 부족한 사람들은 서로 모여서 공동 투자를 통해 기금을 모으지. 그때 투자했다는 증서를 발행했는데, 그게 곧 증권과 주식이 되잖아. 보험도 마찬가지야. 미지의 해역을 항해하다 보니 사고가 많고, 그 위험을 완화하기 위해 일정한 기금을 모아 사고를 보상해주는 거야. 그렇게 보면 은행, 투자, 주식, 보험 같은 자본주의의 주요 장치들은 이미 대항해 시대에 생겨난 거라고. 더욱이 중요한 건 상인들이 자기들 필요에 따라 자연스럽게 제도와 규칙을 만들었다는 거야. 모든 게 국가나 관의 지시와 계도로 이루어진 동양 사회와는 확실히 다른 역사야. 서양 특유의 시민 혁명과 시민 사회도 그런 역사가 있었기에 가능했을 거야. 동양 역사에 시민 사회가 부재했던 것도 마찬가지 이유겠고.

직업 선택의 우선순위

고성국　역사란 결국 직업 선택의 자유가 확장되는 과정이야. 그 얘기는 직업을 통한 자기실현의 역사이기도 하다는 거야. 직업이라는 게

"예술과 문화, 문명과 과학 기술은 어떤 식으로로든 인간의 노동을 통해서 만들어지는 거잖아. 일, 노동 다시 말해서 인간에게 직업은 그 시작점부터 먹고살기 위한 필요악이 아니야. 자기실현을 위한 가장 훌륭한 도구로서의 성격이 있는 거지." _고성국

단순히 먹고살기 위해서 어쩔 수 없이 하는 거라면 오늘날의 찬란한 문명과 문화는 이루어질 수 없었을 거라고. 예술과 문화, 문명과 과학 기술은 어떤 식으로든 인간의 노동을 통해서 만들어지는 거잖아. 일, 노동 다시 말해서 인간에게 직업은 그 시작점부터 먹고살기 위한 필요악이 아니야. 자기실현을 위한 가장 훌륭한 도구로서의 성격이 있는 거지. 지금 비록 일자리가 부족하고 청년 실업이 심각한 상황이지만, 그렇다고 해서 아무 데나 걸리는 대로 들어간다면 나중에 후회할 수 있다고. 상황이 어렵다고 해서 생계 수단으로서의 직업만 생각할 게 아니라는 거지. 요즘 같은 때 배부른 소리라고 비판받을 수도 있지만 직업 선택에서 자아실현이라는 측면을 빼놓아서는 안 돼.

남경태　형이 자아실현을 말하니까 예술이라는 직업이 떠오르네. 사실 직업에 관해서도 동서양의 역사적 차이가 큰데, 그 점을 잘 보여주는 게 직업으로서의 예술이 아닐까 싶어. 동양에서는 예부터 학문을 중시하고 직업 활동을 대체로 천시했잖아. 그에 비해 서양은 일찍부터 직업을 사회적 역할로 받아들이고 직업의 종류만이 아니라 질적 가치도 발달시켰지. 영어의 'art'는 예술과 기술을 함께 표현하고 'craft'도 기능만이 아니라 공예라는 의미가 있잖아. 그래서 서양에서는 직업의 역사만큼이나 오래된 게 예술의 역사야.

흔히 예술 하면 뭔가 고결한 걸 연상하지만 실은 밥벌이를 위한 수단으로 생겨나고 발전한 게 많아. 르네상스 시대에는 대부분 직접 제작 의뢰를 받아서 작품을 만들었지. 그때는 미술 시장이란 게 없었으니까 돈 많은 부르주아나 교회 같은 곳이 주요 고객이었던 거고. 미켈란젤로 정도나 예외일까? 대부분의 예술가들이 지금으로 치면 다 상업 예술을 한 거야. 근대 음악가들도 마찬가지로, 다들 순수한 고전 음악을 한 거 같지만 실은 궁정 음악가로 고용되었거나 영주나 교회의 작품 의뢰를 받아 직업적으로 작곡한 게 지금 걸작으로 전해지는 거지. 예술가니까 직업으로서만이 아니라 작품을 통해 예술적 자아실현을 꾀했겠지만 어쨌든 직업은 직업이었던 거야. 사실 예술가 개인이 아무리 훌륭한 창작 아이디어와 기술을 갖고 있어도 시장이 없으면 안 되잖아. 무형이든 유형이든 자기가 만든 것을 사주는 사람이 없으면 할 수가 없는 거거든. 그래서 직업에 대한 이 두 가지 측면을 잘 따져서 선택해야 한다는 말을 하고 싶어.

고성국　시장을 바라보는 눈높이를 제대로 설정하는 게 중요할 거 같아. '자아실현을 하는 직업은 굉장히 높고, 고귀하고, 먹고살기 위한 직업은 시장의 논리에 종속되는 것이고 천박하다. 그러나 일단 먹고사는 게 급선무니까 눈을 낮춰라.' 이런 식으로 사고해서는 곤란하다는 거야. 그러면 내 의사와는 무관하게 높고 고귀한 것에서 낮고 천박한 것으로 낮추는 것이기 때문에 자괴감에 빠지게 돼. 시장이라고 하는 것은 말하자면 우리 세계를 둘러싼 원과 같은 것이어서 이쪽에서도 볼 수 있고, 저쪽에서도 볼 수 있고, 아래에서도 볼 수 있고, 위에서도 볼 수 있어. 기준이 따로 있는 게 아니야. 자기 눈높이에 맞는, 자기의 눈높이에서 먹고사는 문제와 자아실현의 문제를 최적화시켜서 구현할 수 있는 뭔가가 분명히 있어. 전 세계에 수백만 개의 직업이 있다고 한다면 그중에 그 두 가지 요건이 상대적으로 제일 잘 충족되는 직업이 있을 거란 말이야. 그 직업을 찾는 것이 중요한 것이지, 그 직업이 사회적으로 얼마나 높게 혹은 낮게 평가받느냐는 중요한 게 아니야. 우리는 직업을 서열화시켜서 가장 높은 자리로 가려고 경쟁하고 있어. 자기한테 최적화될 수 있는 여러 직업들이 있는데 아예 시도도 안 하는 거야. 흘려버리는 거지. 여기서 비극이 생기는 거야. 눈높이의 문제가 중요해. 자아실현의 측면도 중요하긴 하지만 일단은 먹고살기 위해 현실에 맞추자, 이렇게 볼 문제는 아니라는 거야.

남경태 그런 고민 끝에 선택해야 후회가 없지. 그런 선택을 미리 해볼 기회가 바로 대학 진학이라고 봐. 학과 선택이 직업 선택과 곧바로 연결되는 건 아니지만, 공부할 분야를 선택하고 미래의 사회생활을 학교생활에 대입해보는 것도 괜찮은 시뮬레이션이 아닐까 싶어. 다만 여기에도 우리 사회의 문제점은 있지. 모든 게 서열화되어 있는 거야. 대학도 그렇고, 학과도 그렇고, 대학을 나와 취직할 기업 같은 곳도 그렇고. 선호하는 학교, 선호하는 직업, 선호하는 직장이 1위부터 100위까지 죽 나열되잖아. 그러고 보면 사회는 점점 분화되고 다양화되는데, 오히려 직업 선택의 폭은 갈수록 좁아지는 게 현실이야.

고성국 운동선수들의 선택을 봐. 야구나 축구는 시즌이 끝나면 성적에 따라 선수들을 트레이드하잖아. 이 기간을 '스토브 리그(stove league)'라고 하지. 야구만 놓고 보면 타자는 성적이 몇 할 몇 푼 몇 리로 딱 나오잖아. 그러나 1등 타격왕, 이런 선수들이 꼭 그 구단에 최적의 인물이냐를 놓고 따지면 그렇지가 않거든. 그래서 의외로 성적이 좋은 선수를 방출하는 사례가 생긴다고. 어떤 경우는 벤치를 지키던 선수가 다른 팀에 주전 선수로 트레이드되어서 좋은 성적을 거두거든. 구단 입장에서는 최적화된 선택을 한 거지.

남경태　팀 전체로 보면 선수들 성적이라는 게 참고 사항만 되는 거지. 야구는 여럿이 함께 뛰는 경기니까. 팀워크도 고려해야 하고.

고성국　그렇지. 개인이 직업을 선택할 때도 마찬가지야. 절대적인 서열에 얽매이지 말라는 거지. 스스로 자기에게 맞는 직업을 탐구하는 순간 모두가 행복해지는 거야. 모두가 다 삼성전자 직원이 될 수는 없는 일이잖아. 가능하지도 않고 옳지도 않지. 사회의 다양한 영역에서 다양한 재능을 가진 사람들이 활동해야 해. 생각을 바꾸면 세상이 달라 보인다고. 지금의 사회적 시선이 내가 직업인으로 활동할 10년 후, 20년 후에도 그대로일 거라고 생각해선 안 돼. 변화는 우리가 모르는 사이에 빠르게 진행되고 있다고. 지금 이 시간에도 수많은 직업들이 태어나고 있어. 과거 천대받던 직업들이 지금은 모두가 선망하는 직업으로 뒤바뀐 예가 얼마든지 있잖아. 만화(애니메이션), 요리, 게임 등등. 요즘은 남자 요리사 하면 선망의 대상이지만 예전엔 어땠어. 남자가 부엌에 들어가는 걸 금기시하던 시절이 있었다고. 억대 연봉

을 받는 프로게이머는 또 어떻고. 상상할 수도 없는 직업이었지. 요즘
은 대학에도 만화, 게임, 요리와 관련한 학과가 생길 정도잖아. 사회
적 인식이 그만큼 바뀐 것이지. 나는 새로운 직업을 찾는 개척자들이
계속 생겨야 한다고 생각해.

남경태　맞아. 역사적으로 그런 시도들이 계속 있어 왔고 그 결과 오늘
직업으로 정착된 것들도 있으니까. 근데 나는 고등학교 때 막연히 사
회생활에 관해 상상해보면 늘 비슷한 그림만 떠오르곤 했어. 대학을
나와 대기업 같은 데 취직해서 서류 가방을 들고 출퇴근하며 샐러리
맨으로 생활한다, 다들 그렇게 살 줄 알았어. 그런데 말이지. 요즘 고
등학교 동창회를 가끔 가보면 그런 전형적인 샐러리맨으로 살아가
는 친구가 거의 없는 거야. 가업을 이어받아 시계 도매업이나 음식점
을 하든가, 대학교수나 장학사의 신분이든가, 이민을 갔든가 등등 굉
장히 다양하고, 정작 고등학교 때 가장 많을 거라고 여겼던 기업체에
다니는 회사원은 거의 없었어. 나도 모르는 사이에 이미 우리 사회의
직업 세계도 무척 다양해진 거야. 아니면 예전부터 그랬는데, 내가 몰
랐거나.

고성국　한 사람이 평생 하나의 직업만 갖고 살면서 행복한 경우는 별
로 없는 것 같아. 삶이 따분해지지.

남경태　게다가 요즘 같은 시대에 한 직장에서 정년까지 채우는 샐러

리맨들이 얼마나 되겠어.

고성국　그러니까 자의 반 타의 반 잡노마드(job nomad)의 시대가 열린 거야. 단 한 번의 선택으로 평생직장을 가지던 시대는 지나간 거지.

남경태　근데 그런 인식이 사회적으로 부작용 없이 원활하게 통용되려면 직종 간 이동이 자유로워야 해. 내가 해고를 당해도 금세 일할 곳을 구할 수 있다면 무슨 문제가 있겠어. 우리는 해고만 자유롭고 재취업이 힘들잖아. 이런 상황에서는 잡노마드가 실현되기가 어렵지. 그래서 난 해고를 억제하는 것도 중요하지만 사회적으로 재취업의 통로를 열어주는 게 더 중요하다고 생각해. 개인적으로도 직업 이동이 자유로워야 자아실현이 구현되기가 쉽고, 사회적으로도 활발한 재취업이 이루어지면 국가 경제나 기업 경제에도 도움이 되지 않겠어?

고성국　직업에 대한 사람들의 선입견도 바뀌어야 해. 옛말에 직업에는 귀천이 없다고 했지만 현실에서는 제대로 대우받지 못하는 직업이 많아.

남경태　아는 사람 중에 그림에 재능이 있어서 삽화를 전문적으로 하는 친구가 있어. 그런데 이 친구는 '삽화가'라는 말을 싫어하더라고. 그래서 내가 다른 사람에게 삽화가라고 소개를 하면 꼭 '일러스트레이터'라고 정정하거든. 그런데 사실 같은 말이잖아. 차이가 있다면 하나는 우리말이고 하나는 영어라는 것뿐이지. 친구 설명은 그래. 삽화가 글에 종속되는 요소라면 일러스트는 그 자체로 하나의 독립적인 콘텐츠라는 거야. 친구의 자존심을 생각해 그냥 고개를 끄덕였지만 내 생각엔 삽화가보다 일러스트레이터라고 했을 때 예술에 속한다고 여기는 거 같아. 샤갈 같은 세계적인 화가도 즐겨 '글에 종속되는' 삽화를 그렸다는 걸 모르나 봐. (웃음) 요리사와 셰프, 미용사와 헤어 디자이너, 같은 말이지만 사람들은 뉘앙스가 다르다고 여기잖아.

고성국   직업으로서 존중받으려는 의도가 있는 거지. 인식이 많이 달라지기는 했지만 앞으로 어떤 직업에 대해 그 자체로 존중하는 문화가 생기면 그런 현상은 줄어들 거라고 봐.

남경태   그래. 프랑스에서 셰프를 존경하듯이 우리가 요리사를 존중한다면 애써 그렇게 말을 바꾸지는 않겠지. 자기 일에 자부심을 가질 수 있도록 직업에 대한 인식을 바꾸는 게 정답이겠지.

직업의 서열화와 직업의 위기

고성국   아까 말한 직업 서열화와 관련해서 한 가지 하고 싶은 얘기가 있어. 바로 기초 학문의 붕괴야. 얼핏 관련이 없어 보이지만 심각한 문제라고. 예전에 학생 때 천재로 불리던 정치가와 유명한 물리학자

하고 나 이렇게 셋이 자리를 함께한 적이 있어. 그때 물리학자가 정치가에게 그러더라고. "당신은 천재라고 소문이 자자했는데 왜 법학을 했느냐. 정말 머리 좋은 사람은 언어학, 철학이나 물리학 같은 기초 학문을 해야 한다고 생각한다. 왜 우리나라에서는 그런 사람들이 법학이나 의학을 전공하는지 모르겠다." 그 정치가의 전공이 법학이었거든. 그러자 정치가가 이렇게 답해. "제가 법대를 지원하고 사법 시험을 볼 때는 그런 인식조차 없었습니다. 당시는 머리 좋은 사람은 으레 의사나 판사가 되어야 한다고 생각했죠."

남경태　지금도 그렇지 않나? 여전히 법대와 의대 경쟁률이 가장 높잖아.

고성국　그렇지. 우리 사회가 뛰어난 법학자와 의사만 필요로 하는 건 아니잖아. 내 생각도 그래. 아까 그 물리학자 말처럼 기초 학문에 좀 더 많은 인재가 종사해야 한다고.

남경태　그런데 현실적으로는 그렇지가 못하거든. 우리나라 국회의원들만 해도 법조계 출신이 압도적이지. 사실 기초 학문과 응용 학문으로 구분해보면 우리 사회의 편향성이 너무 심각해. 과거보다 더 심해졌고. 문과 쪽의 기초 학문이라면 철학, 역사, 언어학, 정치학, 사회학 같은 거고 이과 쪽의 기초 학문이라면 수학, 물리학, 화학, 생물학 같은 거잖아. 문과 쪽 응용 학문은 법학과 경영학, 이과 쪽 응용 학문은 의학과 공학이고 말이야. 선진국에서도 법대와 의대가 인기인 건 사실이지만 그래도 진짜 공부하려는 학생들은 기초 학문으로 오잖아. 우리 사회에서도 예전에는 그랬고. 내가 대학에 들어갈 때까지만 해도 기초 학문이 꽤 인기 있었고 한 학과에 두세 명쯤은 천재 소릴 듣는 친구들이 있었어. 근데 요즘 우리 사회를 보면 기초 학문은 정원 미달인 경우도 많아. 대학에서 학과장 하는 친구 얘길 들으니 인문계 학생들은 학과와 무관하게 3분의 1 정도가 입학하자마자 고시를 준비한다는 거야. 이래서야 원, 우리 사회에 학문이 보존될 수 있을까? 국가 경쟁력을 봐도 기초 학문이 튼튼해야 하는 거 아냐?

고성국 그래서 사회가 정체된 측면이 있는 거야. 한 사회가 발전하려면 다방면에서 인재가 필요한 거잖아. 멀리 보면 물리학자나 생물학자, 언어학자나 철학자들의 역할이 반드시 필요할 거라는 거야.

남경태 맞아. 대학의 인기학과는 정해져 있지. 법학 아니면 의학. 물론 응용 학문 분야를 폄하할 수는 없겠지. 사람 사는 게 다 소중하니까. 그런데 우리가 쏠림이 훨씬 심한 건 정말 문제야. 재능을 가졌고 좋은 성적도 올리는 학생이 기초 학문을 선택하도록 해야 돼. 물론 사회가 그에 걸맞는 대우를 해줘야만 가능한 거겠지. 정말 이대로 가다가는 학문다운 학문은 맥이 끊기고 공부 잘하는 학생들은 전부 변호사나 사업가만 되려 하지 않을까 걱정이 돼.

"나는 사실 인문학을 직업 활동의 일부분으로 가진 사람이지만. 인문학은 원래 전문가가 없어야 한다고 봐. 학문이기 이전에 교양이니까."

_남경태

 인문학의 위기가 굉장히 심각하지.

 나는 사실 인문학을 직업 활동의 일부분으로 가진 사람이지만, 인문학은 원래 전문가가 없어야 한다고 봐. 법학이나 의학은 전문가가 반드시 필요하고 또 일반인들이 소상하게 알 필요는 없잖아. 그런데 역사나 철학 같은 지식은 가급적 많은 사람이 알아야 한다고 봐. 학문이기 이전에 교양이니까. 인문학은 전문 지식이 아니어야 한다는 거야. 진정한 유토피아 사회라면 경찰과 의사가 필요 없겠지. 범죄자와 환자가 없을 테니. 인문학도 궁극적으로 온 국민이 교양인이 되면 전문 담당자가 필요 없을 거야. 그럼 물론 나도 직업을 바꿔야겠지만, 만약 우리 사회가 그렇게 된다면 기꺼이 직업을 바꿀 거야. (웃음)

 얼마 전 노숙자들을 대상으로 인문학 강좌가 열렸는데 반응이 의외로 좋았어. 인생의 바닥까지 내려간 사람들이 인문학에서 희망을 찾은 거야. 그런 걸 봐도 인문학에는 사람이 극한의 상태에서 다시 일어설 수 있는 의지를 다지게 하는 힘이 있어. 희망의 학문이다, 하는 생각이 들더라고. 인문학에서 길을 찾고 희망을 찾는 사회야말로 건강한 사회라고. 우리 사회가 소위 '선진화'하려면 인문학적 토대가 필요해. 이걸 빼놓고 국민 소득만 따진다고 선진국이 될 수 있을까? 지금처럼 인문학이 황폐해지면 제아무리 경제 성장을 외친다고 해도 한계가 있기 마련이야.

　지금은 아니지만 앞으로 우리 사회도 기초 학문을 홀대한 데 따르는 사회적 비용을 지불하게 될 거야. 그걸 예감하고 있는 사람들도 꽤 있어. 내가 CEO들을 상대로 인문학 강의를 몇 번 해봤는데, 상당히 진지하더라고. 그런데 그중 한 분이 인문학적 토대가 중요하다는 데 공감한다면서 인문학이 그냥 지식인을 위한 교양이거나 폼 잡으려고 배우는 학문이 아니라 실제로 현실적인 도움을 준다고 말하는 거야. 예전엔 외국에서 바이어들이 오면 제품 설명하고 단가, 선적 일자 이런 것들만 말해주면 끝났대. 그런데 요즘은 상황이 많이 달라졌어. 외국의 CEO들과 대담을 나눠야 할 경우가 많아진 거지. 오히려 큰 바이어를 상대할 때 더 그렇대. 그만큼 회사 규모가 커져서 대하는 사람들이 요구하는 기준도 높아진 거야. 이제는 그들과 국제 정세에 대해서도 이야기해야 하고 환경, 철학, 정치, 예술, 문화 등 다양한 분야에서 대화하고 때로 토론도 해야 한대. 이때 인문학적 지식이 많은 도움을 준다는 거지. 예전 같으면 낯선 풍경인데, 지금은 정말 그렇다는 거야. 외국 바이어라고 해서 돈 얘기만 하는 무식한 사람들만 있는 건 아니거든. 이젠 기업을 잘 운영하기 위해서도 인문학이 필요한 시대가 된 거야.

고성국　빌 게이츠의 사업 파트너가, 빌 게이츠가 아프리카 난민들의 어려움에 대해서 또는 에이즈의 심각성에 대해서 한참 얘기를 할 때 말 한마디 못 하고 꿀 먹은 벙어리처럼 앉아 있으면 비즈니스 자체가 잘 안 되겠지.

남경태   고급한 비즈니스일수록 더욱 좋은 상품만이 아니라 경영자의 교양이 요구될 수밖에 없겠지. 이런 생각을 하다 보면 무형의 것이 유형의 것을 지배하는 시대로 접어드는 것은 아닐까 하는 느낌이 들어. 사회 전 부문에서 장기적인 전망이 단기적인 이익을 대체하는 분위기, 괜찮은 흐름 아냐?

고성국   미래에 대비하려면 직업 교육도 인문학적 소양을 토대로 해야해. 기능인을 양성하는 교육만으로는 희망이 없어.

남경태   정말 앞으로는 발상 자체를 달리해야 해. 예컨대 지금 게임 산업 규모가 어마어마하게 커졌잖아. 세계 게임 시장에 진출하는 기업도 늘었고. 이때 필요한 게 시장을 포착하고 개척하는 능력과 함께 개발자의 문화적·인문학적 소양이거든. 게임 자체가 하나의 문화니까 문화를 이해하고 다룰 수 있는 인문학적 교양이 필요한 건 당연하겠지. 형이 아까 말한 빌 게이츠가 바로 현대 기업 활동에서 문화와 인문학이 어떤 역할을 하는지 온몸으로 보여줬잖아.

고성국   미래의 직업이 요구하는 능력이지. 그리고 직업과 관련해 얘기하고 싶은 다른 주제는 바로 직업윤리에 관한 거야. 직업윤리 문제를 처음으로 제기한 사람은 막스 베버야. 그가 말하길 직업윤리의 내면화는 한 사회가 건강하게 발전하는 데 아주 중요한 요소라는 거야. 이를테면 기업인은 기업 윤리를, 정치인은 정치 윤리를, 지식인은 지식인의 윤리를 내면화해야 한다는 거지. 그래야 부패가 없고, 정경 유착이 없다는 거야. 독과점, 지식과 권력의 오남용, 이런 것들이 직업윤리의 부재와 관련이 있다는 거지. 내 생각도 그래. 직업윤리의 내면화는 한 사회의 성숙도를 판단하는 아주 결정적인 증거다, 그렇게 얘기할 수 있지.

미래 직업의 기준―직업윤리

남경태　동시에 역으로 성숙한 사회라야 그러한 직업윤리를 요구하는 측면도 있는 거고.

고성국　예컨대 기업인의 직업윤리가 내면화되지 않으면 결과적으로 사회 발전을 가로막게 돼. "개처럼 벌어서 정승처럼 쓴다"고 하잖아. 그러면 안 되거든. 돈을 벌더라도 어떻게 버느냐가 중요한 거야. 아무리 번 돈을 좋은 데 써도 그 과정에서 이미 사회에 해를 끼치게 되거든. '개처럼 벌어'서는 우리 사회의 발전에 전혀 도움이 안 돼.

남경태　그래서 뭔가 본보기가 필요하다는 생각이 들어. 일반적인 시각에서는 돈을 많이 번 사람이라고 하면 어딘가 구린 구석이 많을 거라고 여기잖아. 실제로 정경 유착으로 권력에 기대 돈을 벌었거나, 투기를 일삼았거나, 노동자들을 쥐어짠 악덕 기업주가 부자인 경우가 워낙 많으니까. 그런데 직업윤리를 지키면서 페어플레이로 정당하게 성공한 사람이 많아진다면, 적어도 모범이 될 만한 사람들이 어느 정도 있다면, 큰 도움이 될 거야. 봐라, 이렇게 직업윤리에 충실하면서도 기업가로서 성공했다. 이런 증거를 보여줘야지. 반대로 부당하게 돈을 번 자는 결국 패망할 수밖에 없다는 본보기도 필요할 테고. 그래야 사회가 건강하게 발전할 수 있겠지. 그럼 우리 사회에서 페어플레이로 돈을 번, 도덕적으로 고결하면서도 세속적으로도 성공한 인물이 얼마나 있을까?

고성국　찾아보기 힘들어. 그런 사람이 있다면 별도로 기부를 안 해도 돼. 그것 자체로 사회를 건강하게 만들었으니까.

남경태　지금 그런 사람을 보기 힘들다면 우리 역사에서는 귀감이 될 만한 인물의 예가 있을까?

고성국　조선 시대 거상(巨商) 임상옥을 예로 들 수 있겠네. 당대의 거상이었던 그는 자기와 거래하는 사람들에게 일정 정도 이윤을 보장해주었다고 해. 자기 밑에서 일하는, 지금으로 따지면 하청 업체가 있었을 거 아냐. 그들과 거래할 때 자기는 이윤의 70퍼센트 정도만 가져가고 나머지는 그들 몫으로 남겼지. 상생할 수 있도록, 모두가 적당한 이윤을 챙겨갈 수 있도록 했다는 거야.

남경태   알려지지 않은 역사적 위인이네. 그런 기업, 혹은 기업가가 성공할 수 있어야 그 사회가 건강하고 건전한 거겠지. 그리고 이건 좀 다른 얘기 같지만, 직업윤리와 관련해서 우리나라는 뭔가 한 방에 해결하려는 경향이 강하지 않나? 자기 일에 자부심을 갖고 꾸준히 해간다기보다 한탕을 올리겠다는 생각. 사실 개인적으로는 고시도 그런 거 아닌가 싶어. 수많은 사람들이 고시 공부에 매달리는 것도 합격하면 모든 게 보장된다고 생각하기 때문 아니겠느냐고. 판·검사가 되면 돈도 벌고 명예도 얻고. 그동안의 고생을 일거에 보상받으려는 마음들이 있는 거 같아.

고성국   고시는 좀 다른 측면에서 보아야 하지 않을까. 불평등한 구조에서 평등하게 채용 기회를 제공한다는 점에서 그나마 긍정적이기도 하고.

남경태   지금은 그렇지도 않은 거 같아. 형과 내가 속한 세대만 해도 가난한 집 자식이 공부 잘해서 집안 확 일으키는 '신화'가 가능했잖아. 그런데 지금은 고시 합격생 중에서 소위 일류대 학생, 부유한 집 자식이 차지하는 비율이 날로 늘고 있지. 하긴, 일류대 자체도 요즘은 부잣집 출신들이 많이 들어간다니까 말 다했지 뭐. 돈이 있으면 좋은 환경에서 족집게 과외도 받고 할 수 있으니까 그렇겠지.

　이건 좀 웃기는 연상이지만, 우리 때 고시가 지금은 연예인 되는 과정과 비슷해진 느낌이 있어. 둘 다 물려받은 거 하나 없어도 당대에 입신양명할 수 있잖아. 재주만 좋으면 한 번에 확 뜰 수 있다는 거지. 돈도 벌고 명예도 얻고. 유명 연예 기획사에 들어가 잘만 하면 한 해에 수십억을 벌 수 있다고 하니 그런 생각을 하는 것도 무리가 아니지. 보통 사람이 평생 벌어야 할 돈을 어린 나이에 거머쥘 수 있으니까. 그래서 지금 연예인 열풍이 부는 거겠지. 옛날에 우리 때만 해도 연예인이 되겠다는 애가 어디 있었나? 어른들도 '딴따라'라며 천대했잖아. 그런데 지금은 상황이 완전히 달라졌어. 17살, 18살 먹은 애들이 기획사 사무실을 찾아다니고 오디션을 수백 번 보고 한다고. 그리고 장래 희망란에 연예인이 되겠다고 쓰는 아이들도 많다는 거 아냐. 이젠 연예인이란 직업을 자랑스러워해. 선망의 대상이 된 거지. 국가적인 차원에서 보자면 한류니 뭐니 하면서 연예 산업의 경제적인 효과를 강조하기도 하고.

고성국 대중문화가 산업화되면서 많이 달라졌지. 지금은 노래만 잘해서는 가수 되기가 힘들잖아. 기획사를 잘 만나야지. 오늘날의 연예 산업이라는 게 기획사가 가지는 막강한 재력과 네트워크, 영향력을 동원해서 공장에서 상품을 찍듯이 만들어내는 메커니즘이잖아. 나는 대중 연예인이 매우 훌륭한 직업이라고 생각하지만, 한편 걱정이 돼. 그런 생산–소비 메커니즘 속에서 소외되지 않고 자신의 가치를 지켜가면서 그 직업을 통해 자아실현을 할 수 있을까, 하는 거야. 힘든 환경이라는 생각이 드는 거지.

 어린 나이에 성공한 친구들도 나중에는 그런 문제를 고민하게 될 거야. 자아실현을 앞세우자면 그동안 얻은 대중적 인기를 어느 정도 놓아야 할 테니 본인도 갈등하겠지만 자기를 키워준 기획사와도 마찰을 빚겠지.

 오늘날의 기획사 체제는 불가피한 측면이 있어. 옛날식으로 주먹구구로 운영되어서야 되겠어?

 맞아. 외려 옛날엔 연예계에 부패도 더 많고 비리도 심했다고 해.

 그래서 기획사의 윤리 의식이 필요한 거야. 소속 연예인들을 인간적으로 대우하고 문화 예술인으로 존중하는 문화가 정착되어야 하지. 그러려면 그런 윤리를 지키며 운영하는 기획사가 성공할 수 있는 시장 구조가 만들어져야 해.

 연예인이 되고자 하는 개인의 재능과 노력도 필요하겠지. 대중 예술도 예술이잖아. 오히려 현대 사회에서는 대중적 인기를 가진 사람의 영향력이 고전적 의미의 예술가보다 더 큰 거 같아. SNS를 통해 사회 문제에 관한 자기 의견도 발표하고 이걸 팬들도 많이 추종하고 말이야. 그래서 더욱 자기를 가다듬고 예술인으로서 각성하는 게 필요할 거야.

그런데 지금 우리 사회에선 연예인으로 성장하는 과정에 문제가 좀 있어. 예컨대 한 시대의 아이콘이었고 이제는 역사에 등재될 1960년대 영국 록 밴드인 비틀스를 봐. 리버풀의 클럽에서 만나 자기들끼리 결성하잖아. 음악적 코드가 맞았던 거지. 멤버들이 직접 곡을 만들고 연주했지. 예술적인 자의식이 뚜렷했던 거야. 물론 대중적 성공을 꿈꾸었지만 그보다는 자기 음악을 하고 싶은 생각이 강했어.

하지만 지금과 같은 기획사 체제에서는 이게 불가능해. 그룹이나 밴드도 멤버들이 직접 의기투합해 결성하는 게 아니라 기획사에서 정해주지. 이제부터 너희는 한 그룹이야. 너는 보컬, 너는 랩, 하는 식으로 말이야. 명색이 가수인데 악기 하나 연습하지 않아. 악기를 모르니 화성(和聲)을 알 수 없고 화성을 모르니 작곡이란 언감생심 아냐? 물론 기획사의 지도를 따르면 유명한 스타가 될 수도 있어. 하지만 과연 그게 행복일까? 나는 내적 동기, 즉 자기 선택에서 오지 않은 성공은 결국 남의 것일 수밖에 없다고 생각해. 예술을 상품화하는 메커니즘이 필요한 건 사실이지만 그럴수록 직업인으로서의 원칙을 더 철저하게 지켜가야 할 거야. 그래야 본인도 만족스럽게 무명 시절을 견딜 수 있고, 유명한 스타가 안 되더라도 자기 선택에 후회가 없을 거라는 생각이 들어. 지금 이 순간에도 연예인을 꿈꾸며 땀 흘리고 있을 친구들에게 꼭 해주고 싶은 말이야.

좋은 '직장'에서 좋은 '직업'으로

고성국　이번에는 직업의 안정성 얘기를 해볼까? 아까 많은 친구들이 연예인을 꿈꾼다고 했지만 그래도 나이가 들어 직업을 선택해야 할 시점이 오면 대부분은 안정적인 직업을 택하는 거 같아. 여전히 공무원, 교사가 최고의 직업으로 꼽히잖아. 여기서 우리가 생각해봐야 할 게 우리 사회가 점차 고령화되고 있다는 사실이야. 그 안정성이라는 게 60세까지 유지되는 거라는 거지. 예컨대 공무원으로 살다가 60세 정도에 정년퇴직을 해. 그럼 그때부터 뭘 하지? 남은 인생이 20~30년이 되는데 여기에 대한 준비가 되어 있느냐는 거야. 지금 사람들이 보는 것은 '직장' 안정성이지, '직업' 안정성이 아니거든. 게다가 인생 3모작 시대에는 맞지 않는 안정성이야. 평생 일관되게 할 수 있는 일은 별로 없어. 결국 개인의 적응성과 유연성과 개방성을 키우는 것이 중요해지는 거야. 처음부터 세 개의 직업을 가질 수는 없잖아. 그러니까 내 첫 번째 직업은 이거고, 그다음 2모작의 시기에는 이렇게 하고 최종적으로 3모작 때도 적합한 일을 찾을 수 있는 능력을 키우는 것이 중요해. 그 능력의 핵심은 개방성과 유연성과 적응성이지. 이게 있으면 3모작이 아니라 10모작도 가능한데 이게 없는 상태에서는 새로운 상황에 적응하기가 어렵다고. 인생 1모작 때 열심히 공부하고 노력해서 안정적으로 30년 직장 생활을 해도 그다음은 어쩔 거냐는 거야. 그냥 연금 받으면서 편하게 살면 된다고? 물론 그럴 수도 있지. 하지만 직업이라는 게 생계 수단이자 자아실현의 도구이기도 해. 사람이 아무 일도 하지 않고 살 수는 없잖아.

남경태　　그런 사람이 많지. 샐러리맨 30년 하다가 은퇴하니까 갑자기 막막해지는 거야. 경제적으로도 그렇지만 에너지를 쏟을 일을 찾지 못해 힘들어하는 사람들이 많아. 보통 군인이나 공무원처럼 조직 문화에 수십 년간 익숙해진 사람들이 더 그런 거 같아.

고성국　　갑자기 늙게 되지.

남경태　　그래서 요즘 젊은이들은 '직업은 직업일 뿐'이라고 생각하는 경우가 많아. 직장은 돈 벌기 위해 다니는 거고 퇴근한 뒤 즐기는 취미나 문화, 여가 생활을 진짜 자기 삶으로 여기는 거지. 뭐, 시대의 관습이 달라진 거니까, 또 그게 젊은이답게 쿨한 측면도 있으니까 일단 좋다고 봐. 옛날에야 밤낮없이 직장을 위해 몸바쳐 일했지만 지금은 여섯 시 땡 하면 젊은 직원들이 상사 눈치 보지 않고 바로 퇴근한다잖아. 일과 삶을 분리하는 태도, 아주 긍정적인 거야. 다만 예나 지금이나 변치 않은 거, 앞으로도 변치 않을 게 있어. 하루의 3분의 1은 직장에 있어야 한다는 거지. 설령 재택근무라고 해도 그 시간만큼은 일을 해야 할 거야. 그 많은 시간을 허비한다는 건 옛날 기준으로나 지금 젊은이들의 기준으로나 옳지 않잖아. 돈을 벌기 위해 어쩔 수 없이 하는 게 일이라지만 이왕이면 즐겁게 해야겠지. 퇴근하고 클럽에 가서 스트레스를 풀든 취미 생활을 하든 자유지만 직장에서 보내는, 인생의 3분의 1에 해당하는 그 시간이 즐겁지 않으면 손해 아니냐는 거야. 근데 요즘 젊은이들을 보면 일과 삶을 분리하는 데 급급한 나머지 이 점을 소홀히 한다고. 가끔 인터넷 기사에 달린 베스트 댓글을 보면 "퇴근 때까지 10분 남았다." 이런 게 올라와. 직장에 있는 동안 재미를 찾지 못하는 거야. 인생의 3분의 1은 포기하는 거지.

　하루 8시간은 잔다고 치면, 3분의 1은 스트레스로 보내고 3분의 1은 스트레스를 풀면서 시간을 보내는 건가?

　결국은 손해겠지. 기업으로 보면 말할 것도 없고. 그런데 어느 기업가가 이런 이야기를 해. 어느 기업이나 열심히 일하지 않는 직원들이 있대. 전체 직원 중 대략 3분의 1은 열심히 일하고, 3분의 1은 농땡이를 피우고, 3분의 1은 주어진 일만 대충 한다는군. 흔히 건실한 기업이라면 열심히 일하는 직원의 비율이 높을 거라고 생각하지만 그렇지 않다는 거야. 그 비율은 빌 게이츠도 못 바꾼대. 그럼 건실한 기업은 뭐냐? 열심히 일하는 직원의 비율이 높은 기업이 아니라 바로 그 직원들을 승진시키고 요직을 맡기는 기업이래. 반대로 부실한 기업은 농땡이 치면서 상사에게 아부나 하는 직원들을 승진시키는 기업이지. 결국 개인적으로는 직장에서 열심히 일하는 게 최선이고, 기업적으로는 그런 직원을 중용하는 게 최선인 셈이야.

　능력 있는 사람들만 뽑아놔도 직장 생활을 하다 보면 그리된다는 거지.

남경태　그래서 좋은 기업이란 건 그중 인물을 알아보고 회사의 리더로 키울 때 가능하다는 거야. 일리가 있는 말 같아. 말해놓고 보니, 결론은 좋은 직업을 가지려면 개척 정신이 필요하고 좋은 기업을 만들려면 진취적인 리더십이 필요한 거로군. 형이나 나나 역시 교과서적 사고에서 크게 벗어나지는 못하는 거 같아. 근데 교과서도 인생에 도움이 되면 좋은 거 아닌가? (웃음)

5

행복은
구하는 자의 것이다

행복

내 인생의 봄날─행복의 기억

 네 인생에 가장 행복했던 날, 가장 행복했던 해를 꼽으라면 언제를 꼽겠어?

 나는 조금 비관적인 사람인 거 같아. 항상 안 좋은 면을 먼저 보는 경향이 있어. 무슨 일이든 철저한 준비가 되어 있지 않으면 불안해하고. 강박증 같기도 하고 그래. 그래서 매사에 느긋하고 낙천적인 사람을 보면 정말 부러워. 그래도 굳이 딱 하루, 행복한 날을 꼽으라면 1980년도 1월 어느 날인가 대학 합격자를 발표하던 날일 거야. 적어도 그날 하루는 정말 행복했어. 합격자 번호를 아직도 기억할 정도니까. 초등학교 동창이랑 합격자 발표를 같이 봤어. 근데 이 친구는 본고사를 너무 못 봐 떨어진 줄 알았던 모양이야. 하지만 합격자를 확인해보니 감격스럽게도 둘 다 합격인 거야. 친구나 나나 너무 좋았지. 그래서 막 흥분해서 '이제 뭐 하지?' 하다가 그날 하루 동안 원 없이 한번 놀아보자고 의기투합했어. 그날의 행복이 시작된 거지.

우선 서울역 근처에 있는 친구 누나 직장에 찾아가서 용돈을 받았어. 5,000원을 받았는데 당시 은하수 담배 한 갑이 330원인가 했으니 적은 돈이 아니지. 다방에 가서 차를 마시며 한 시간 동안 작전을 짜고 난생처음 경양식 집이라는 델 갔어. 돈가스 시키고 웨이터가 밥이냐 빵이냐 물을 때 골라도 보고. 다음에는 서울 시내를 누비고 다녔지. 30년이 넘은 지금도 기억이 생생해. 아마 입시의 중압감이 그

만큼 컸다는 얘길 거야. 나는 늘 우리 사회에서 대학입시는 아프리카 부족 사회의 성인식과 같다고 생각하는데, 그날이 바로 성인식이 끝나는 날이었던 거야.

그러고 보면 입시 중압감에 시달리던 고3 시절도 재미있었네. 입시 때문에 무척 힘들었던 건 맞지만 그 1년이 기억에 남아. 맨날 밤 9시 반까지 학교 도서관에 남아 친구들과 공부도 하고 장난도 치고 그랬거든. 초여름에 체력장 연습한답시고 철봉 옆에서 별 보며 라면도 먹고, 그러다 더우면 유도부실에 나란히 드러누워 야한 이야기를 돌려가며 하고……. 당시 우리가 알던 팝송 중 사랑(love)이라는 단어가 들어간 노래를 누가 많이 아나 칠판에 제목 적는 내기도 했었어. 그 여름, 덥고 고통스럽기도 했지만 내겐 즐거운 추억이 가장 많은 때이기도 해. '행복' 하니까 옛 추억이 새록새록 하네. (웃음)

고성국　나는 경기도 가평에 있는 초등학교를 다녔는데, 학교에서 조금만 걸어가면 북한강 지류가 나와. 지금 경춘가도가 지나는 곳, 그곳으로 여름마다 동생이나 친구들하고 물고기를 잡으러 갔다고. 유리로 만든 어항을 한두 개 들고, 필수품인 만화책을 챙겨가지. 기다리는 동안 읽어야 하니까. (웃음)

남경태　지금도 낚시 좋아하는 사람들은 기다리는 시간을 즐긴다더군. 낚시 싫어하는 사람은 바로 그것 때문에 꺼리는데 말이야.

고성국　그렇지. 그다음에 필요한 게 깻묵이야. 어항으로 물고기들을 끌어들이는 미끼지. 기름집에서 그걸 얻어서 가져간다고. 깻묵이라는 게 기름 짜고 남은 찌꺼기거든. 이걸 질겅질겅 씹으면 즙이 나오면서 끈적끈적해져. 그런데 씹다 보면 반은 먹는 거 같아. (웃음) 자, 그렇게 미끼가 준비되면 그걸 어항 안쪽에 붙이는 거야. 그런 다음에 물고기들이 자주 다니는 길목에 어항을 내려놓으면 준비가 끝나. 이제 물고기가 잡히기만 기다리는 거지. 방학 때 아침 10시쯤 나가서 해 떨어질 때까지 하루 종일 그렇게 강변에서 놀았어.

한 30분 만화책 보다가 친구가 "야, 인제 그만 가보자." 그러면 어항에 고기가 들었는지 확인하러 가는 거지. 그때의 두근거림이란……. 늘 하는 고기잡이지만 언제나 설렜단 말이야. 그렇게 어항을 건지러 가는데 혹시 첨벙이는 소리에 물고기들 달아날까 봐 조심조심 다가갔지. 멀리 한 7, 8미터 떨어진 데서 보면 뭐가 반짝반짝해. 피라미, 모래무지, 꺽지 이런 것들이 나오려고 몸부림치는 거야. 그걸 딱 건져 올리면 물이 빠지면서 고기들이 풀떡거리잖아. 얘들을 내장을 빼고 뜨끈뜨끈한 모래밭에 말리는 거야. 집에 가져가면 어머니가 반찬으로 해주기도 하셨지.

동네 어른들하고 같이 갈 때도 있었는데 그때는 규모가 달라지지. 동네 사람들 수십 명이 모여서 간다고. 큰 솥을 메고 가서는 한참 물고기를 잡아. 그런 다음에 땔나무 구해서 불을 지피고 거기다 잡아온 고기를 넣고 끓이는 거지. 준비가 대충 되면 우리한테 가서 들어갈 채소를 서리해오라고 시켜. 그러면 파, 깻잎 같은 거 따오거든. 그렇게 해서 어죽을 끓여. 거의 고기 형태가 안 남을 정도로 한참을 끓이지. 그리곤 옹기종기 둘러앉아 어죽을 먹는 거야. 지금처럼 집집마다 텔레비전이 있는 것도 아니고 해 떨어지면 할 일이 없으니 식구들 동네 사람들이 모여서 함께 가는 거지. 여름철에는 1주일에 한 번씩은 그랬던 거 같아. 그때 참 편안하고 행복했어.

남경태　말만 들어도 참 정겨운 느낌이네. 가족이 함께…….

고성국　그런데 막상 그때는 그게 행복이란 걸 몰랐어. 한번은 옛 생각이 나서 재현해본 적도 있어. 추억에 젖어서 말이야. 근데 재미도 없고 땡볕에 덥기만 한 거야. (웃음) 게다가 고기도 몇 마리 안 잡히고 영 기분이 안 나더라고.

남경태　그때 그 순간이 아니면 느낄 수 없는 행복이라는 게 있으니까. 난, 가장 행복감을 느낀 놀이를 꼽으라면 어릴 때 만화 빌려다 보는 거였어. 한겨울 낮에 친구 집이 빌 때 서너 명이 돈을 모아 만화를 한 묶음 빌려다 놓고 뜨뜻한 아랫목에 반신을 묻고 베개를 가슴에 받쳐 놓고 만화를 보는 거지. 근데 보통은 다들 재미있는 거, 신간을 먼저 보려고 하잖아. 근데 나는 남들 다 본 다음에 보는 걸 좋아했어. 제일 재밌는 만화를 맨 나중에 보는 게 제일 좋아. 느긋하게 볼 수 있기도 하고, 최고는 최후를 위해 남겨둬야 제맛이지.

고성국　　보통은 신간 차지하려고 서로 싸우잖아.

남경태　　근데 난 좀 더 기다리는 편이었던 거야. 그 시간을 즐기고 싶었던 거지. 그래서 다른 친구들이 좋아하는 걸 골라서 먼저 보는 동안 나는 오줌도 미리 누고 물도 마시고 이불 속에서 나올 일이 없도록 만반의 준비를 해. 최고의 즐거움을 누리기 위한 사전 작업인 거지. 그런 다음에 다른 친구들이 선택하고 남은 만화책을 슬슬 보기 시작해. 시간이 지나면 다른 친구들이 본 신간이며 재미난 만화책들이 내 몫이 되거든. 행복감을 최고조로 만들기 위한 나름의 전략이었다고 할까. 나중에 프로이트가 아기는 배변의 쾌락을 알게 되면 배변을 늦춤으로써 쾌락을 고조시킨다고 말하는 걸 보고 내가 어릴 때 만화 보던 방식과 똑같다고 생각했지 뭐야. 영리한 에피쿠로스주의자였다고나 할까. (웃음)

말이 나와서 하는 말인데, 에피쿠로스는 쾌락주의를 주창했지만 그가 말하는 쾌락은 원래 정신적 쾌락이잖아. 오히려 그는 육체적 쾌락을 적극적으로 추구한다고 해서 행복한 게 아니라고 말했거든. 성욕도 너무 강한 쾌락이라서 나쁘다고 말했지. 어찌 보면 에피쿠로스는 쾌락을 추구하기보다 고통을 피하는 걸 행복이라고 본 거 같아. 그 소극적인 행복이 그가 말하는 아타락시아(ataraxia)겠지. 쾌락에 흔들리지 않는 평정한 상태 말이야. 그렇다면 어린 시절에 내가 가장 재미있는 만화책을 가지고 애들과 다투기보다 천천히 기다리는 시간을 즐기며 행복감을 고조시킨 게 에피쿠로스의 견해와 비슷하지 않을까 싶어. 적극적으로 쾌락을 추구하기보다 소극적으로 기다리는 거였으니까.

 사람마다 즐거움을 만끽하는 방식이 다른 거지. 옛날에는 '보름달 빵'이 최고로 맛있는 간식이었잖아. 그걸 먹을 때도 각자의 개성이 드러난다니까. 나도 비슷했어. 빵 가운데 크림이 들어 있잖아. 거기가 제일 맛있는 부분인데 어떤 친구들은 거기부터 먹거든. 난 가장자리부터 먹기 시작해. 아껴두는 거지. 점점 다가오는 즐거움에 대한 기대감이랄까. 그걸 만끽하는데 갑자기 동생이 그걸 탁 채 갔다. 그러면 절망인 거야. (웃음)

 만행이다, 만행. (웃음)

 먹는 얘길 계속하게 되네. 그런 기억이 또 있어. 고등학교 때 생활관에서 1주일간 지냈는데 구내식당에서 밥을 먹어야 하잖아. 근데 내가 고기를 못 먹었어. 어릴 때부터 고기 알레르기가 있었거든. 친구들도 그 사실을 알고 있어선지 별로 친하지도 않은 애들이 자꾸 내 옆자리로 오는 거야. 고기 반찬이 나오면 대신 먹자는 심산이었겠지. 근데 내가 고기는 못 먹었지만, 묘하게도 달걀은 잘 먹었어. 그러니까 나한테는 달걀이 최고의 영양식 요리였던 거야. 달걀 하나에 밥 한 그릇을 비워야 하니까 조금씩 조금씩 먹고 있는데 옆에 있던 친구가, "야, 너는 달걀도 못 먹는구나." 그러면서 말릴 틈도 없이 홀랑 먹

어버리는 거야. 또 한 번 절망했지. 40년이 지난 지금도 그때 그 느낌
이 생생하다니까. (웃음)

아는 만큼 행복해진다

남경태   우리가 보통 행복을 낮은 수준에서 말할 때 욕구의 해결에서
찾는다고 하잖아. 성적 쾌락도 그렇고, 지금까지 우리가 말한 먹는 즐
거움도 그렇고.

고성국   그 두 가지, 식욕과 성욕은 인간 이전에 생명체로서 가지는 본
능이야. 이게 해소되었을 때의 행복감은 동물로서의 인간이 느끼는
만족감이겠지. 생존 본능과 자기 복제 본능이 충족되는 거니까. 그런
데 인간이 다른 점은 이걸 지속적으로 추구한다는 거야. 대부분의 동
물들은 발정기가 지나면 성욕을 느끼지 못해. 식욕도 마찬가지지. 사
자는 한 번 사냥에 성공해서 배를 채우면 다시 허기를 느낄 때까지는
제아무리 먹음직스런 사냥감이 돌아다녀도 거들떠보지 않거든. 그런
데 인간은 맛으로 음식을 찾고 쾌락을 위해 성관계를 하잖아. 어떻게
보면 끊임없이 허기에 시달리는 거지.

남경태   그 '허기'야말로 일종의 고통이라고 할 수 있지 않을까. 행복
이란 건 그런 고통으로부터 벗어나는 데서 오는 거겠지. 다시 에피쿠

로스로 돌아가나? (웃음)

고성국　동물적 고통으로부터의 해방이지. 존 스튜어트 밀은 인간의 행복을 저차원적인 행복과 고차원적인 행복으로 나눠. 동물적 본능을 충족함으로써 느끼는 행복을 저차원적인 행복이라고 보는 거지. 밀은 이렇게 물어. "동물로서 느끼는 행복에 만족하고 살 것이냐? 아니면 그보다 한 차원 높은 인간적 행복을 구현하면서 살 것이냐?" 그래서 "배부른 돼지보다 배고픈 소크라테스로 살겠다"는 얘기가 나오는 거지. 그럼 밀이 말하는 고차원적 행복이라는 건 뭘까? 바로 이타적인 행복을 말하는 거라고. 동물처럼 자기 욕구만 채우는 게 아니라 다른 사람을 이롭게 하는 것, 다른 사람을 도우면서 느끼는 행복이 훨씬 고차원적이면서 인간이 지향해야 할 행복이라는 거지. 이걸 경제학적으로 설명하려는 게 바로 '공리주의'라는 거고.

남경태　행복의 총량을 높이자는 거잖아.

고성국　그렇지. 예컨대 라면 한 그릇에 3,000원이고 비프스테이크가 3만 원이라고 했을 때, 한 사람이 비프스테이크를 먹는 것보다 열 사람이 라면 한 그릇씩 먹는 게 행복의 총량이 10배로 커진다는 거야.

남경태　경제적으로 따져도 그렇지. 어차피 3만 원의 비용을 들이는 거니까. 이건 누가 손해를 보는 게 아니면서도 행복한 사람들이 많아지는 거잖아.

고성국　　그게 바로 공리주의에 대한 올바른 이해야. 이렇게 다른 이와 나누는 것이 결국은 나를 행복하게 한다는 게 바로 존 스튜어트 밀의 행복론이지.

남경태　　벤덤은 약간 단순하고 기계적인 공리주의인 데 비해 밀은 여러 면에서 한 걸음 더 나아간 거 같아. 최대 다수의 최대 행복이 중요하다고 한 벤덤을 그대로 따르면 결국 주요한 결정은 다수결일 수밖에 없게 되는데, 그럴 경우 다수의 지지를 얻지는 못하는 매우 소중한 요소가 희생될 수 있잖아. 밀이 예로 든 건 고급문화가 계승될 수 없다는 거지. 맥주를 마시면서 축구 경기를 볼래, 아니면 셰익스피어의 소네트[詩]를 읽을래? 다수결이라면 당연히 전자를 택할 거 아냐. 근데 그렇게 되면 셰익스피어의 소네트를 즐기는 엘리트 문화는 결국 사장되고 말겠지. 소네트의 멋을 아는 사람이라면 축구 경기보다 즐겁다고 여길 텐데 말이야. 하지만 행복을 여러 층으로 구분할 수 있다면 양자가 공존할 수 있을 거야. 물론 축구 경기가 소네트보다 수준이 낮다는 얘기는 아니고, 대중문화와 예술 문화의 구분이랄까 그런 거지.

고성국　　그래서 밀은 사회 전체가 지속적으로 재교육되어야 한다고 주장해. 모든 이들에게 잠재된 자기 능력을 발견하고 계발할 기회가 주어져야 한다는 거야. 그러한 교육의 기회를 공평하게 누린 후에 각자 취향에 따라서 선택하도록 해야 한다는 거지. 그렇지 않으면 누가 셰익스피어를 택하겠어.

남경태 『나의 문화유산 답사기』로 유명한 유홍준 선생이 한 말이 있잖아. "아는 만큼 보인다." 원초적인 쾌락과 즐거움은 굳이 가르치고 배우지 않아도 느끼는 거지만, 음악이나 미술이나 건축은 그렇지 않거든. 예컨대 클래식 음악을 지루하고 재미없다고 생각하던 사람도 기본적인 음악적 취향이 있다면 입문 과정을 거치고 나서 참맛을 느끼는 경우가 많거든. 배움 자체에서 느끼는 행복도 크고.

고성국 나는 여행을 가면 꼭 들르는 곳이 미술관이야. 클래식 음악도 그렇지만 미술 작품을 이해하는 기쁨도 크거든. 미술은 음악에 비하자면 상대적으로 간접적이기 때문에 자기가 해석을 해야 해. 들리는 대로 느낌대로 흘러가는 대신 내가 주도적으로 눈앞에 있는 작품을 해석해야 하는 거지. 거기서 오는 즐거움이 있어. 특히 비구상화 쪽으로 가면 나름 그림을 많이 봤다고 생각하는 나도 이해가 안 갈 때가 많아. 하지만 그러다가도 뭔가 딱 잡히는 순간이 있거든. 그럴 땐 정말 마음 깊은 곳에서 쾌감이 느껴져. 그러니까 행복에도 뭔가 훈련이 필요하다는 생각이 들어. 자주 보고 듣고 해야 해.

남경태 내가 취미로 하는 바둑에서도 그런 걸 느껴. 이게 상당히 재미

있는 게임인데 단점은 입문이 어렵다는 거야. 체스나 장기는 바둑에 비하면 훨씬 쉽지. 퀸과 비숍, 차와 포는 가는 길이 정해져 있잖아. 말들의 모양도 예뻐서 애들이 흥미를 느끼기 쉽고.

근데 바둑은 아니거든. 딱 보기에도 재미없는 거야. 가로세로로 무미건조하게 선이 쫙쫙 그려진 판 위에 검은 돌과 하얀 돌이 다니까. 하지만 바둑은 알면 알수록, 실력이 높아질수록 더 큰 재미를 느낄 수 있는 게임이야. 그래서 한번 맛 들이면 평생 하게 되지. 악기도 그래. 내가 기타를 30년을 쳤는데 바둑처럼 이것도 다른 악기에 비해 입문 과정이 어려워서 그렇지 한 번 배우면 정말 매력적인 악기야. 어쩔 땐 사람들이 그래. 그냥 기타 음반을 사서 듣지 뭐 하러 그렇게 고생을 하느냐고. 하지만 완성된 연주보다 악보를 짚어가며 조금씩 정복해나가는 게 바로 기타의 즐거움, 나아가 악기의 즐거움이지. 그래서 난 바둑하고 악기는 누구에게나 추천하고 싶어. 컴퓨터 게임과 달리 완성이 없다는 거, 복합도와 난이도가 높아 실력이 늘수록 더 재미있다는 거, 혼자서 즐길 수 있다는 게 장점이지.

고성국　음악만이 아니라 세상 모든 일이 그런 거 같아. 운동도 그렇잖아. 축구가 우리나라에서 인기가 높잖아. 조기 축구회처럼 아침마다 축구를 즐기는 사람들도 많고. 그런데 이 사람들이 호나우두나 베컴처럼 다들 축구를 잘하는 건 아니잖아. 즐기는 거거든. 그 순간 행복한 거야. 이런 사람들에게 영국 프리미어리그 같은 프로 수준의 기량을 기대하면 안 되지.

남경태　　그렇지. 보고 즐기는 사람에게는 그 말이 맞아. 그런데 막상 하다 보면 아무래도 잘하고 싶다는 욕심이 생기거든. 나도 프리미어리그 선수처럼 멋진 슛을 날리고 싶어지는 거야. 그러면서 점점 수준 높은 게임에 관심을 갖게 되고 열심히 TV도 시청하게 되는 거지.

고성국　　일단 관심이 생기면 그전에 못 보던 것도 자세히 볼 수 있을 거야. 예를 들면 선수의 움직임이라거나 팀의 전략 같은 것들.

남경태　　그래. 관심이 더 큰 재미를 만들어내는 경우가 많아. 음악이든 운동이든 그냥 막연히 보면 수십 년을 봐도 초보적인 재미밖에 모르는데, 관심을 기울이면서 보면 정말 '아는 만큼 보인다'는 말을 실감할 수 있어. 행복도 그렇겠지. 관심을 기울일수록 행복의 농도가 진해질 거야.

고성국　　행복이라는 건 동물적 본능에서 시작한 거지만, 끊임없이 행복을 느끼기 위해서는 훈련하고 준비하고 자기를 개발하는 과정이 필요하다고. 뭔가를 성취했을 때 오는 행복감이라는 게 있잖아. 그래서 사람들은 행복을 느끼기 위해 끊임없이 도전하고 자기를 계발하고 하는 걸 거야.

남경태　　동물적인 즐거움이랄까. 1차원적인 즐거움은 노력하지 않아도 느낄 수 있잖아. 먹는 거, 뭐가 맛있는지 알려줘야 느끼는 거 아니거든. 하지만 인간으로서 느낄 수 있는 행복, 다른 동물이 알지 못하는 즐거움은 일정 교육과 자기 수련이 필요한 거지. 이렇게 말하니까 독서의 미덕이 떠오르는데. 사실 아이들에게 책을 읽으라고 말하지만 아이가 책과 쉽게 친해지기는 어려워. TV나 영화는 누가 가르쳐주지 않아도 쉽게 즐길 수 있지만 책 읽는 재미를 알려면 어느 정도 노력이 필요하잖아. 그래서 독서는 쉽게 즐기기 어려운데, 그런 만큼 몸에 익으면 높은 차원의 즐거움을 얻을 수 있지. 어릴 때부터 아이가 책과 친해지도록 가르쳐야 하는 이유가 거기 있다고 봐. 바둑이나 악기처럼 입문이 어려운 만큼 일단 안으로 들어가면 큰 재미를 주는 게 독서거든. 나는 소설 작품이 영화화된 걸 보면 항상 영화가 원작보다 못하다고 생각해. 텍스트를 읽으면서 내가 상상하던 장면이 영화에선 항상 미진한 거야. 그게 바로 텍스트의 힘, 책의 힘이 아닌가 싶어.

손해를 감수해야 행복해진다

남경태　20세기 철학자 버트런드 러셀은 행복을 욕망 분의 충족이라는 분수(충족/욕망=행복)로 요약했어. 일반적으로는 분자인 충족을 늘릴수록 행복하다고 여기겠지. 그런데 분모인 욕망을 줄이는 것도 행복을 늘리는 좋은 방법이잖아. 둘 다 행복을 극대화할 수 있지만 전자는 혼자 힘으로 안 될 경우도 많은 데 비해 후자는 사실 마음만 먹으면 혼자도 가능하지. 금욕에서 행복을 얻는다는 종교적 발상도 거기서 나왔지 싶어.

고성국　우리가 근대와 탈근대를 가르는 가장 큰 경계점이 바로 그 부분이야. 근대라고 하는 것은 기본적으로 분자에 해당하는 '충족'을 최대화하겠다는 거야.

남경태　세계를 거대하고 단일한 자본주의 시장으로 재편하겠다는 신자유주의도 어떻게 보면 그런 거고.

고성국　하지만 그런 방식으로의 행복은 본질적으로 불가능해. 왜냐하면 분모인 욕구가 무한하니까.

남경태　충족을 늘리면 욕망도 늘어나게 마련이지. 분자가 커짐에 따라 분모도 커진다면 결국 행복은 커지지 않겠지.

고성국　그렇지. 그래서 어떻게 욕구를 조절하느냐가 중요해지는 거지. 정치를 정의할 때 "자원의 권위적 배분 체계"라고 하거든. 이때 자원이란 건 욕구를 충족할 수 있는 수단이라고 할 수 있어. 정치는 그걸 배분하는 기능을 한다는 거야. 그런데 여기에 '권위적'이라는 말은 왜 들어가느냐. 자원이 유한하기 때문이야. 너도나도 욕구를 충족하기에는 자원이 부족한 거야. 이걸 강제로 나눠야 하니까 당연히

'권위적'이라는 말이 들어가는 거지. 그러다 보면 다툼이 생기는 거고. 이걸 제도적으로 해결하려는 장치가 정치야. 하지만 과연 자원을 말썽 없이 공평하게 배분하는 게 가능할까? 특히 지금처럼 인간의 욕망을 끝없이 부추기는 자본주의 사회에서. 결국 욕구(욕망)를 줄이지 않고는 어렵다는 거야. 그런데도 근대적 사고에서는 이걸 무시하고 충족을 늘리는 것이 정상적이라고 생각해. 이런 방식으로 행복해지는 건 본질적으로 불가능하지. 사람들도 그걸 깨닫게 되었어. 탈근대가 시작된 거야. '슬로우 라이프'라든지, '생태 친화적'이라든지, '탈위험 사회'라든지 하는 새로운 생활 방식이 이미 시작된 거야. 이건 거스를 수 없는 추세야. 왜냐하면 욕구를 줄이지 않고 충족을 늘려 행복해지는 게 더 이상 가능하지 않다는 것을 다들 알게 되었거든. 그 끝이 전쟁이었다는 사실도.

남경태　실제로 화석 연료는 이미 고갈되어가고 있잖아. 그래서 대체 에너지 개발이 상당히 중요한 이슈가 되고.

고성국　대체 에너지를 개발한다고 해도 거기에 따르는 자원 고갈이 뒤따라오게 돼. 완벽하게 무한하고 깨끗한 에너지라는 게 있을까? 궁극적으로 적게 쓰는 길밖에 없어. 우리가 사는 지구를 버리고 안드로메다에 가서 살 게 아니라면 말이야.

남경태　그렇다고 아예 안 쓸 수는 없겠지. 마찬가지로 욕구를 '0'으로 줄이는 것도 불가능하고. 그런데 정말 욕구는 어디까지 줄여야 하고, 또 줄일 수 있는 걸까? 역사적으로 항상 금욕주의가 있기는 했지만 그게 해답이라고 볼 수는 없는 거잖아.

고성국　내가 보기엔 스스로 자기 가치를 정립하지 못해서 그래. 자꾸만 바깥에서 뭔가를 찾으려고 하기 때문이야. 우리 사회에서 전통적으로 중요시했던 삶의 태도 중의 하나로 '안분지족(安分知足)'이라는 게 있어. 자기 분수를 지키고 거기에 만족한다. 굉장히 소극적인 것처럼 보이지만, 실제로는 그렇지가 않아. 권력이나 부처럼 바깥에서 주어지는 무언가로부터 행복을 찾는 게 아니라, 자기 됨됨이를 스스로 평가하고 그 됨됨이에 맞는 정도의 사회적, 정치적 지위와 부를 누리겠다는 거거든. 검소한 가치관이지만 보다 중요한 것은 행복을 외부의 시선이 아닌 자기 내면의 시선으로 본다는 거야. 더 많은 권력과 부를 향해 치닫는 오늘날에 비추어 의미 있는 가치관이라고 생각해.

남경태　형의 말은 궁극적인 해결책일 수 있겠지만 마치 모두가 득도 해야 한다는 것처럼 공허하기도 해. 문제는 보편적으로 사회 구성원 대다수가 그럴 수 있어야 한다는 거거든. 누구 한 사람이 욕구를 줄이고 산다고 해서 소비 지향적인 사회 분위기를 바꿀 수는 없잖아. 오히려 대다수가 욕구를 줄이고 살아도 몇몇이 절제 못 하면 전체 분위기를 흐리기 쉽지. 흰색은 조금의 불순물이 끼어들어도 흰색을 유지할 수 없게 되잖아. 그래서 개인의 윤리 차원이 아닌 공동으로 실

"우리 사회에서 전통적으로 중요시했던 삶의 태도 중의 하나로 '안분
지족(安分知足)'이라는 게 있어. 자기 분수를 지키고 거기에 만족한
다. 굉장히 소극적인 것처럼 보이지만, 실제로는 그렇지가 않아. 검소
한 가치관이지만 보다 중요한 것은 행복을 외부의 시선이 아닌 자기
내면의 시선으로 본다는 거야." _고성국

현해야 할 제도적 가치가 정립되어야 할 거야. 그냥 "반칙하지 마라"
가 아니라 반칙하는 사람이 응분의 제재를 받도록 제도적 받침이 있
어야겠지. 남들은 욕구를 줄이라고 해놓고선 자기 욕심만 채우는 사
례가 많으니까.

고성국　사회 구성원들이 합의한 공동선이라는 개념으로 그걸 제도적
으로 강제해야 하는 거지. 『걸리버 여행기』 생각이 나는데, 주인공이
거인국과 소인국을 두루 여행하잖아. 소인국에서는 거인으로, 거인국
에서는 소인으로 살다가 마지막에는 휴이넘 왕국에 도착하지. 휴이
넘 왕국은 아주 고귀한 품격과 품위를 상징하는 장소야. 거기서 걸리
버는 인간의 천박한 동물성을 반성하게 되지. 그것처럼 인간도 이러
저러한 시행착오를 거치면서 결국은 좀 더 나은 세계로 나갈 거라고
봐. 지금 당장 바뀌진 않겠지만.

남경태　모두가 자기만족을 느끼며 행복하게 살아가는 사회는 유토피
아에 가깝지 않을까.

고성국　그것 또한 불가능한 목표지. 다만 사회 구성원의 다수가 어떤
지향을 갖느냐 하는 데서는 나라마다 차이가 있어. 미국이나 서유럽
의 시민 사회는 비교적 건강하다고 할 수 있겠는데 내가 가장 높게
평가하는 건 북유럽의 '노르딕 모델'이야. 다 함께 욕구를 줄여 행복
을 실현하자는 데 가장 적극적이거든. 그래서 번 돈의 절반 가까이를

세금으로 내면서도 불평하지 않는 거고. 국가는 그 돈으로 사회적 약자를 위해 쓰고. 자기 욕구를 기꺼이 줄이고 대신 타인을 돌보는 고차원적 행복을 제도화한 거지. 전 세계에서 가장 높은 수준의 국민소득을 구현하고, 사회적 불평등이 가장 적고, 그래서 행복 지수가 제일 높은 그런 사회야말로 우리가 지향해야 할 모델이 아닐까. 물론 거기도 자기 욕심만 채우는 사람은 있지만.

남경태　거기도 시행착오를 거쳤잖아. 지금 당장 그런 해법이 통한 게 아니라 역사적으로 형성되었다는 얘기지. 역사를 통해 무엇이 정말 함께 행복해지는 일인가에 대한 교훈을 얻은 건데, 그런 역사적 배경이 부재한 우리라면 좀 더 시간이 걸리지 않겠어? 더구나 지금 우리는 그런 방향으로 접어들기는커녕 점점 더 멀어지고 있는 거 같아. 정치와 경제와 사회에서 하나같이 욕망을 부추기고 확대하라고 선전하고 있으니까. 욕구를 줄여서 얻을 수 있는 장기적인 것보다 지금 내 욕망을 충족시킬 수 있는 단기적인 수단에 훨씬 더 이끌리잖아.

고성국　나는 우리나라의 자본주의가 너무 압축적으로 발전하는 바람에 굉장히 기형적이고 천박한 가치가 횡행하게 됐다고 생각해.

남경태　그래. 그 점에선 나도 형과 생각이 똑같아. 하지만 그렇다면 지금은 과도기적인 단계이고 장차 정상적인 자본주의 노선이 자리 잡으면 괜찮아질 거라고 전망할 수 있어야 하는데, 과연 그렇게 낙관

해도 될지 모르겠어. 오히려 나는 우리 사회가 그 궤도로 갈 수 있는 마지막 분기점에서 이탈해가고 있는 게 아닌가 싶어. 만약 그렇다면 시간이 지날수록 문제가 해결되는 게 아니라 바람직한 노선에서 더욱더 멀어지겠지.

고성국   영국에 '윌버포스'라는 정치가가 있었는데 이 사람은 평생 노예무역 폐지에 헌신했어. 노예무역은 그가 활동하던 빅토리아 시대 '대영 제국'의 부의 원천이었거든. 쉽지 않았지. 하지만 노예무역의 참상을 목도한 윌버포스는 이걸 더 이상 두고 볼 수가 없었던 거야. 윌버포스는 10여 년간 의회에서 노예무역 폐지 입법 운동을 했어. 그러다 좌절하고 실망했지. 거의 불가능에 가까웠어. 왜냐면 동료 의원들부터 노예무역으로 돈을 버는 상황인 데다 시민들 역시 자기 나라에 엄청난 부를 안겨주는 노예무역을 반대하기가 쉽지 않았으니까. 그러던 어느 날 윌버포스는 부인들을 초청해. 노예 폐지법을 통과시키려고 사회 지도층 설득 작업을 한 거지. 아주 멋진 범선에서 모임을 연 후 연설을 하지. "이 배는 머나먼 아프리카 대륙에서 이곳 영국 땅에 도착했다. 처음 이 배에는 600명의 흑인 노예가 타고 있었다. 항해 도중 수많은 노예가 죽었다. 수십 명은 전염병으로 죽고 수십 명은 폭풍을 만나 죽었다. 그렇게 도착했을 때 생존한 노예가 120명, 하지만 그중 수십 명은 도착한 지 일주일이 안 돼 죽었다. 결국 그중 10분의 1인 60여 명만 살아남아 노예 시장으로 팔려갔다. 그 대가로 배 주인은 큰돈을 벌었다. 당신들이 앉아 있는 자리가 바로 노예들이

묶여 있던 곳이다. 당신이 양식과 품위를 지닌 대영 제국의 귀족 부인이라면 더 이상 이런 일이 지속되도록 허용해선 안 된다……." 이런 식으로 계속 설득 작업을 한 거지. 그런 노력 끝에 마침내 노예무역 폐지 법안이 통과돼. 그 후 50년이 지나고 링컨이 노예 해방 선언을 해. 그리고 그로부터 150년 후에 미국에서 최초의 흑인 대통령이 탄생하거든. 윌버포스와 링컨과 오바마 사이에 200년의 역사가 있는 거야. 노예 해방이라는 큰 역사적 흐름이 이렇게 면면히 이어져 있어. 근시안적으로 지금 당장 어떻게 되어야 한다는 생각을 버려야 해. 서구는 사실 우리보다 훨씬 천박하고 잔인한 역사적 과정을 거쳤다고. 우리는 그런 모든 과정을 압축적으로 겪은 거고.

남경태 우리가 행복한 사회를 만들려면 장기적인 관점에서 욕망을 줄이려는 개별적인 노력들을 모아가야 한다는 건가? 그렇게 오래 걸리고 어려운 과정인가?

고성국 그렇지. 여기서 우리가 조심해야 할 게 욕망을 줄이자는 말이 꼭 가난하게 살자는 얘기는 아니라는 거야. 대형 아파트에서 살고자 하는 욕망을 줄이고 근교에 에코하우스를 짓는다고 해 봐. 오히려 돈이 더 들 수도 있거든. 그런데 실제로 그런 사람들이 있어. 그 사람들은 집을 재산 증식이나 사회적 지위를 과시하는 수단으로 보지 않아. 그 자체로서 의미를 부여하는 거지.

남경태   그래도 장기적으로 이익을 볼 수도 있지 않나? 집 자체가 가지는 장점도 있고.

고성국   그럴 수도 있겠지. 사람이 그 돈으로 어디에 투자하면 얼마를 얻을 수도 있는데 하는 식의 계산을 안 할 수는 없잖아. 하지만 그런 걸 감수하고 가는 거야.

남경태   일단은 희생이라고 할 수 있네.

고성국   그렇지. 이 돈 들여서 여기 살아야 하나 하는 고민을 하게 되는 거지. 그럴 때 투자 가치는 없지만 대신 당신의 가치를 실현할 수 있지 않느냐고 설득할 수 있지 않을까. 여기에 사는 것만으로도 아마존의 숲을 보호하고 외몽고에 나무를 심어 황사 피해를 줄이는 효과가 있습니다, 이렇게 설득할 수도 있지 않겠느냐는 거야. 안 먹힐까?

남경태   난 워낙 비관적인 사람이라서 말이야. 그 방책은 몇몇 사람들의 마음을 움직일 수는 있겠지만, 경제 논리를 극복하긴 어려울 거라고 봐. 너나없이 투자 개념으로 집을 사들이는데 나만 거기서 자유로울 수가 없는 거거든. 설령 몇몇 개인들이 끝까지 추구하고 또 자기 결정에 끝까지 만족한다 해도 그 노력이 사회적으로 확산될 거 같지는 않아. 다른 사람들에게 강요할 수 있는 것도 아니고. 예를 들어 사교육이 그렇잖아. 다 같이 안 하면 되지만, 현실에선 어렵지. 강남의 학부모들도 사실은 다들 사교육을 싫어하고 남들이 안 하면 자기도 안 하겠다고 토로한다고. 그런데 이걸 안 할 수 없는 이유가 혹시 나만 손해 보나 싶은 심리가 있는 거야. 반칙하는 사람이 꼭 있거든. 일부 선각자들의 노력은 귀감이 될 수는 있겠지만 지금 같은 대중 사회에서 사회 체제를 바꿀 수는 없을 거야.

고성국 손해를 감수하는 결단이 필요해. 그게 더 성숙한 인간의 생활 양식이라는 점을 이해하는 사람들이 많을수록 그런 결단이 많아질 거고. 따지고 보면 동물적 본능을 자제하는 결단이거든.

남경태 아까 말한 고차원의 행복이랑 같네. 물론 동물적 욕망의 충족도 중요하지 않은 건 아니지만 거기에 머물지 말자. 셰익스피어를 읽고 클래식 음악을 듣는 재미도 깨우치자. 사실은 강남의 대형 아파트보다 에코하우스에서 사는 게 더 행복한 거다. 이런 거 말이야. 지금 보면 바보짓 같아도 그게 사회적으로 행복의 총량을 늘리는 길이다……. 거듭 말하지만 모두가 그런 확신을 가질 때가 오면 좋겠는데, 과연 그런 날이 올까?

고성국 이미 의외로 많은 사람들이 실천하고 있어. 슬로우 라이프가 확산되는 속도만 봐도 그래. 시골에 갔는데 쌈밥집이 두 군데 있었어. 한 집은 1인당 1만 원인데 앞집은 6,000원이야. 차이가 뭐냐. 한군데는 유기농 전문점이고 한 군데는 일반 음식점인 거야. 물론 유기농이 비싸지. 그런데 비싼 유기농 쌈밥집은 사람들이 줄을 서서 먹는 거야. 싼 일반 음식점에는 사람들이 아예 가질 않고. 비용을 감수하고서라도 유기농 음식점에 가는 사람들이 점점 많아지고 있는 거야.

남경태　사람마다 다르겠지. 하루 벌어 하루 사는 사람이라면 당연히 싼 식당을 찾을 거고.

고성국　물론 그렇지만 절대빈곤 상태에서는 벗어났기 때문에 점점 가격보다는 어떤 게 더 건강한 식품이냐 어떤 게 더 친환경적이냐 하는 것이 선택의 기준이 되어가는 게 지금의 추세야. 이걸 부정할 순 없지. 슬로우 라이프, 슬로우 푸드, 슬로우 시티 개념들이 이미 우리 생활 속에 깊이 들어와 있는 거야.

공정 무역 커피를 찾는 이유

남경태　두 가지 흐름이 뒤섞여 있는 거 같아. 한쪽은 여전히 경제 논리가 우선하고, 한쪽은 여기서 벗어나고자 새로운 가치를 추구하고. 이게 늘 대립적이지 않고 상호 보완적인 관계로 발달하면 좋은데.

고성국　가치가 시장과 싸우고 있는 중이야. 근데 중요한 건 싼 음식을 찾는 사람도 유기농이 더 좋다는 건 안다는 사실이지. 여건이 되면 선택을 바꿀 준비가 되어 있는 상태라는 거지.

남경태　그래. 사람들의 생각이 바뀌고 있는 건 확실해.

고성국　대학생들을 봐도 그래. 사실 학생이 무슨 돈이 있어. 커피를 한 잔 마시려고 해도 주머니 사정을 생각해야 하잖아. 그런데도 공정 무역 커피를 찾는 친구들이 많아. 매장도 멀고 가격도 더 비싼데도 말이야. 공정 무역 커피가 더 멋지다고 생각하는 학생들이 많아지고 있다니까.

남경태　우리 사회가 한 단계 업그레이드되고 있다는 증거일까?

고성국　게다가 요즘 젊은 부모들은 아이들 먹는 거 입는 거 하나 고를 때도 친환경 제품이냐 아니냐를 따진다고.

남경태　확신하는 사람들이 계속 증거를 보여줘야 해. 새로운 음악을 들려주면 누구나 처음에는 생소하게 여기겠지만 그게 진정 좋은 음악이라면 결국 사람들의 취향을 끌 수 있을 거야. 그게 바로 진정성이 시장에서 통하는 길이겠지. 삶의 질에서 대다수가 우선순위라고 생각하는 요소는 비슷하지만 그걸 선택하는 게 대다수는 아니라는 게 지금의 문제잖아. 정말 우리에게 행복한 삶이란 어떤 건가 하는 근원적 질문을 모두가 품어볼 필요가 있어.

고성국　남들과 다른 삶, 나만의 고유한 삶을 만들어가야 해. 요즘 작은 커피 전문점을 보면서 드는 생각인데, 규모가 큰 커피 체인점과 경쟁하는 게 쉽지는 않겠지만 그래도 그 안에서 행복을 찾는 사람이 있더라고. 물론 잘 다니던 회사에서 해고당하거나 피치 못할 사정으로 원하지 않는 창업을 하게 된 사람도 있겠지. 하지만 반대로 어떤 이들은 자발적으로 그 길을 택해. 돈 많이 받는 대기업에서 톱니바퀴 같은 일상을 사는 것보다는 작은 공간일지라도 내가 직접 꾸미고 내가 좋아하는 일을 하면서 먹고살자는 거지. 선진국일수록 이런 작은 가게들이 많아. 기계로 뽑은 커피, 대량 생산된 상품들이 넘치는 시장에서 일일이 손으로 정성 들여 만든 제품이 훨씬 더 대접을 받지. 나는 그런 사람들에게 고마움을 느낀다고. 작은 커피가게에서 핸드 드립한 커피를 마시면서 여유로운 삶을 느끼는 게 얼마나 소중한 일이야. 손으로 직접 커피를 내리려면 정성이 필요하잖아. 숙련된 바리스타는 거기에 혼을 담는다고. 그걸 내가 느끼는 거야. 커피란 게 베고 파서 먹는 음식이 아니잖아. 커피를 마시며 대화하고 휴식하는 거지. 분위기를, 인간관계를 마시는 거야. 나는 이런 식의 소박하고 개별화된 라이프스타일이 그동안의 대량 생산 대량 소비로 점철된 우리 생활을 조금씩 변화시키고 있다고 생각해.

남경태　어느 사회든 주류가 있다면 그와 다른 삶의 방식도 존재하게 마련이지. 사는 게 다 똑같지는 않으니까. 문제는 두 가지야. 우선 그런 대안적 삶의 방식이 주류가 될 수 있는가? 그리고 실제로 그런 삶

"어느 사회든 주류가 있다면 그와 다른 삶의 방식도 존재하게 마련이지. 사는 게 다 똑같지는 않으니까. 문제는 두 가지야. 우선 그런 대안적 삶의 방식이 주류가 될 수 있는가? 그리고 실제로 그런 삶이 주류가 되면 행복을 최대한 구현할 수 있는가?" _남경태

이 주류가 되면 행복을 최대한 구현할 수 있는가?

고성국　존 스튜어트 밀은 국민 다수가 그렇게 가야 한다고 주장한 거야. 내 생각도 그래. 대안적 삶의 방식이 소수의 취향으로 남아서는 안 된다고 보는 거지. 언젠가는 그런 삶이 주류로 자리 잡게 될 거야.

남경태　그러니까 모두가 고차원의 행복을 추구할 수 있을 만큼의 인식 전환이 앞으로 가능하다고 보는 거지?

고성국　그렇지. 잠깐 피자 얘기를 해볼게. 피자 좋아하는지 모르겠는데, 최근 동네마다 대형 피자 체인점이 많이 생겼지. 근데 그 와중에 유기농 피자집도 생기더라고. 물론 가격이 아직 비싸지. 규모도 작고 인지도도 떨어지지. 하지만 피자의 질만큼은 다른 체인점보다 훨씬 낫거든. 당연히 훨씬 신선하고 좋은 재료를 쓰니까. 다만 가격이 문제인 거야. 유기농 피자 한 판 값이면 체인점 피자 두 판을 먹을 수 있으니까. 여기서 또 중요한 차이 하나는 작은 피자집은 배달을 안 한다는 거야. 인건비도 인건비지만 배달을 하면 고유의 맛과 풍미를 잃게 되잖아. 그래서 이 맛있는 피자를 먹으려면 귀찮아도 가야 해. 가서 한참을 기다리지. 패스트푸드에 익숙해진 사람들이 어느새 슬로우 라이프를 실천하게 되는 거야. 우리가 패스트푸드를 왜 먹지? 바쁘니까? 그게 꼭 그런 것만은 아니거든. 피자도 10분 만에 오네 20분 만에 오네 속도 경쟁을 하지만, 따지고 보면 기다리는 동안 TV를 보거나 하는 게 전부거든. 바쁘지도 않으면서 서두르는 거야. 소파에 앉아서 그렇게 전화로 주문할 게 아니라, 아이들 손잡고 가는 거야. 이웃도 만나고 동네 구경도 하고 오고 가면서 아이들과 대화도 나누는, 그런 게 행복이라고 생각하는 사람들이 늘고 있다는 거야.

남경태　그래, 하지만 그런 삶을 선택하는 사람들이 주류가 될 수 있을지는 여전히 의심이 가. 뭐, 그런 사람들이라면 굳이 주류를 목표로 삼지도 않겠지만 말이야. 어쨌든 저급한 욕망을 충동질하는 사회에서 다수는 여전히 말초적인 쾌락에 얽매일 가능성이 많을 거야. 문화적 쾌락, 대안적 삶이 주는 행복, 이런 걸 느끼기에는 진입 장벽이 높을 수도 있다는 생각도 들고. 바둑과 악기도 배우고 나면 정말 재미있는 건데 입문 과정이 어려운 만큼 난 앞으로도 그걸 즐기는 사람이 다수가 되지는 않을 거 같아. 꾸준히 늘기는 하겠지만 결국 사회 자체를 바꾸는 임계점을 넘지는 못할 거 같아.

고성국　지금 외식 산업의 주류는 패스트푸드야. 그렇지? 하지만 이것도 사실은 처음부터 주류가 아니었다고. 겨우 50년인 거야. 이게 언제까지 주류로 남을 수 있을까. 더구나 패스트푸드의 폐해가 계속적으로 알려지고 있는 상황에서.

남경태　패스트푸드만 놓고 보면 그렇지만 그 밑바탕에 깔린 게 자본주의라는 걸 생각해보자고. 패스트푸드는 자본주의적 삶이 만들어낸 부산물에 불과해. 상품을 대량 생산해서 이윤을 극대화하는 게 자본주의의 근본이잖아. 그런 삶의 방식을 바꾸려면 자본주의 자체가 바뀌어야겠지. 물론 대안적 삶의 방식이 존재하겠지만 자본주의라는 경제 시스템이 존속하는 상황에서 그게 주류가 되기는 어려울 거 같아. 비유하자면 그런 대안의 삶들은 자본주의의 바다에 섬들처럼 계속 떠 있겠지만 섬이 아무리 많아진다 해도 뭍으로 바뀔 수는 없는 거 아냐?

고성국   자본주의와 패스트푸드를 어떻게 연관 지을 거냐 하는 문제가 남지만, 자본주의 자체가 변화하고 있는 건 확실해. 이미 소품종 대량 생산에서 다품종 소량 생산으로 시스템이 바뀌었잖아. 없어서 쓰지 못하던 시절에야 이것저것 가릴 것 없이 똑같은 상품을 소비했지만, 취향과 기호가 다양해진 요즘 같은 시대엔 소비자의 기호에 맞춰줘야 하는 거거든. 과거 공급자, 생산자 중심에서 소비자 중심으로 바뀐 거야. 시장에서 소비자의 권력이 그만큼 커진 거지.

남경태   그렇지. 하지만 소비자의 권력이 커진 만큼 그걸 통제하려는 자본가의 노력도 만만치 않겠지. 대표적으로 광고라는 게 있잖아. 광고는 끊임없이 소비하는 삶을 강요하고 나아가 모든 사람에게 비슷한 삶의 방식을 은연중에 주입하지. 예전에 본 광고가 생각나네. 자본주의의 본질을 말해주는 광고야. 이유식 광고였는데 젊은 주부가 나와서 "내 아이에게 특별한 걸 먹이고 싶어요." 하는 거야. 그런데 자본주의의 본질은 똑같은 상품을 대량 생산해서 대량 소비를 꾀하는 거잖아. 그런데도 특별하다는 말을 쓰는 거야. 자본주의는 개성마저도 복제해. 개성과 복제는 자체 모순이지만 소비자는 "이 청바지는 세상에서 하나뿐인 개성적인 청바지입니다"라는 광고에 속게 되지. 얼마 전에는 '대한민국 1퍼센트'라는 광고 카피가 있었는데, 그 광고주가 정말 대한민국 1퍼센트의 소비자만 점유하고 말 생각은 아니겠지. 상위 클래스가 되려면 자사 상품을 사라는 메시지지만, 이건 사실 1퍼센트의 상류층을 대상으로 하기보다는 1퍼센트가 되고 싶어 하는 나머지 99퍼센트를 대상으로 하는 광고인 게 뻔하잖아. 그래서 새로운 삶을 향한 시도들이 계속되겠지만 그게 어느 임계점을 넘어 주류로 가기는 어려울 거라는 생각이 들어.

고성국　일리가 있어. 그래도 요즘은 사람들이 순진하게 광고 내용을 100퍼센트 믿지는 않잖아.

남경태　욕망과 자본주의를 얘기하다 보니까 자연스럽게 광고 얘기로 흘렀네. 어쨌거나 천박한 광고의 손아귀에서 벗어나기 위해서라도 저급한 행복과 고급한 행복을 구분하는 게 중요할 텐데. 사람들이 1차원적 쾌락에서 벗어나 좀 더 고차원적인 행복을 추구할 수 있을까? 형은 그게 가능한 것 같아?

고성국　우선 두 개의 행복을 대립 관계로 보면 안 된다고 생각해. 그러니까 문제가 어려워지잖아. 둘 중 하나만 선택해라, 그러면 당연히 어렵지. 성욕이나 식욕 같은 건 인간이 동물인 이상 기본적으로 해결해야 할 욕군데 그걸 포기하고 고상한(?) 행복만 추구하라고 하면 어렵지. 나는 시각을 바꿔서 동물적 본능과 동물적 행복을 넘어서 더 고양된 행복으로 가면 갈수록 행복의 크기가 커진다, 행복의 깊이가 깊어진다고 설득해야 한다고 보는 거야. 그게 사실이니까.

남경태　그런데 개인의 차원으로 보면 그건 현실적인 선택의 문제야. 고차원적인 행복을 추구하려면 단기적인 내 욕심을 버려야 하거든. 일종의 희생이 필요하겠지.

고성국　어떤 선택에든 기회비용이라는 게 존재하잖아. 그걸 새로운 행복을 위한 투자로 볼 수 있지 않을까. 행복이라는 게 욕망을 채우는 과정에서 생기는 게 맞지만, 계속 이 욕망만 자극하면서 살면 결국 거기서 헤어나지 못하는 거라고. 내가 행복해질 수 있는 다른 길을 볼 수 없다고. 돈이 그렇잖아. 처음엔 행복하지만 나중엔 족쇄가 되지. 아주 작은 것에서도 행복을 찾을 수 있다고. 예컨대 내가 담배를 피워서 느끼는 짧은 행복이 있고 끊어서 오는 긴 행복이 있잖아. 여기서 선택하게 해야지.

남경태　맞아. 행복을 추구하는 방식은 다양하고 주관적인 측면이 있어. 남의 삶을 누가 뭐랄 수도 없고. 하여튼 행복의 왕도는 없는 거 같아.

고성국　그렇지. 그리고 끊임없이 충족을 찾는 사람들에게는 새로운 방식 즉, 욕망을 줄이는 방식도 있다는 걸 알려야 한다는 거지. 왜냐하면 아까도 말했지만 지구적 차원에서 말하자면 자원이 제한적이니까. 이걸 임계점을 넘어서 어느 한쪽을 다른 한쪽이 전복시키는 개념으로 이해하면 자꾸 문제가 어려워지는 거야.

남경태　내가 말한 임계점은 그런 전복의 임계점이 아니라 개인적 노력들이 과연 사회의 성격 자체를 바꾸는 데까지 도달할 것이냐의 임계점이야. 형은 어떨지 몰라도 내가 지금까지 살아오면서 늘 절감하는 것은 개인적이고 분산적인 노력이 세상을 바꾸기는 어렵다는 거였어. 하긴, 지금까지의 역사에서 그러지 못했다고 앞으로도 그럴 거라고 단정하면 안 되겠지.

고성국　당연한 얘기지만 행복은 주관적인 거야. 다수가 행복을 느낄 수 있도록 소수의 잘못된 행동을 사회적으로 규제하는 것도 필요하고, 하지만 그건 어디까지나 필요조건이지 충분조건은 아닌 거야. 궁극적으로는 행복에 대한 자기 탐색을 계속해야 하는 거지.

남경태　주관적으로만 본다면, 나도 남에게 피해를 주지 않으면서도 대체로 내 뜻대로 살았으니 행복한 삶이라고 할 수 있겠네. (웃음)

지금 나는 행복한가?

   아까 행복은 주관적인 거라고 했잖아. 그런데 해마다 신문·방송을 통해 발표되는 게 있어. 바로 '행복 지수'라는 건데, 이게 뭐냐면 다양한 지표를 통해 그 사회의 평균적 행복도를 측정해보는 거거든. 근데 그 결과를 보면 놀랍지. 우리보다 못사는 나라들이 상위에 있거든. 낯설지만 당연한 얘기지. 행복이 경제력 순이라면 이건희가 우리나라에서 제일 행복해야 하잖아. 그런데 정말 그런가? 아니거든. 그런지 아닌지는 이건희 자신밖에 모를 거야. 물론 먹는 거, 입는 거 같은 기본적인 의식주 문제가 해결되었다는 전제하에서 하는 말이지만 그 수준을 넘어선 이후에는 행복은 절대적으로 주관적인 거야. 내가 돈 좀 있다고 해서 못사는 나라 사람보다 10배로 행복하고, 잘사는 나라 사람보다 10배로 불행하다고 말할 수 없다는 거야.

남경태   예전에 TV 다큐멘터리를 번역한 적이 있어. 주인공이 미국의 명문 대학인 MIT를 나온 사람이야. 마흔 살쯤 되었을 때 첨단 기술자로 일하다가 폴리네시아로 이주했어. 1주년 기념일에 그 다큐멘터리를 찍은 거야. 그 섬에선 외부에서 온 이주민의 경우 1년이 지나야 마을 회의에 참석할 수 있거든. 드디어 기한을 채우고 마을 회의에 참석하게 된 주인공이 너무 기뻐하는 거야. 숨 가쁘게 돌아가는 대도시에서 커리어를 쌓으며 살다가 폴리네시아로 건너가 1년을 아주 느리게 산 거야. 감격스러워하는 표정이 역력하더라고. 많은 사람들이 선망하는 세계적 대도시 뉴욕에서 느낄 수 없었던 진짜 행복을 찾은 거야. 난 아직 그런 삶이 좋은 건지 모르겠지만 어쨌든 그 사람의 표정에는 진정성과 행복이 흘러넘쳤어.

고성국 　행복은 자기가 목적의식적으로 찾아가는 것 같아. 열심히 살다 보면 언젠가 행복해지겠지 하는 건 잘못됐다는 거지. 왜냐하면 그렇게 소극적으로 살다 보면 세파에 휩쓸리기 십상이거든. 불확실한 미래를 위해 현재를 희생하는 건 옳지 않은 거야. 언젠가 행복해지겠지 할 때 그 '언젠가'라는 게 언제쯤일까? 설령 그날이 온다 하더라도 행복을 느끼기엔 너무 늦은 나이가 되어 있을지도 몰라. 늘그막에 행복하기 위해 평생을 불행하게 살 건가? 사람이 아흔 살까지 산다고 했을 때 죽기 전 1주일 행복하자고 89년 하고도 358일을 불행하게 보낼 거냐는 거야. 나 같으면 죽은 뒤에 지옥 불에 떨어지더라도 평생을 행복하게 살고 싶어. 세상에 보장된 삶이란 없어. 그러니까 언제 어떻게 될지 모르는 미래의 행복에 인생을 기탁해선 안 돼.

남경태 　내세의 행복 대신 현실의 행복을 택하라? (웃음)

고성국 　종교적으로 얘기하는 건 아니야. (웃음) 유럽을 여행하면서 행복과 관련해서 두 가지 경험을 했어. 스웨덴에서 영국으로 급하게 가야 할 일이 있어서 비행기를 예약했어. 그런데 남은 좌석은 모두 일등석이야. 이게 가격이 이코노미석보다 훨씬 비싸다고. 그래도 어떡

행복은

자기가 목적의식적으로

찾아가는 것 같아

불확실한 미래를 위해

현재를 희생하는 건

옳지 않은 거야

해. 울며 겨자 먹기로 그걸 탔지. 한국에서 유럽 가는 데 드는 비용보다 더 많은 돈을 내고 영국에 갔어. 근데 비즈니스석 정말 좋더라. 양주도 공짜로 주고, 밥을 먹을 때 스튜어디스가 주문을 받더라고. 스테이크는 어떻게 익혀 드릴까요? 이런 식으로. 특별한 경험이었어. 그러니까 요금이 비싸겠지. 여하튼 그때 옆자리에 앉은 사람이랑 얘기하는데 이 사람이 연금 생활자인 거야. 40년간 사무직으로 일하다가 은퇴해서 여행을 가는 거래. 지급되는 연금을 모아서 1년에 한두 번 일등석을 이용하면서 나름 호화 여행을 가는 거야. 자기는 그걸 즐긴대. 처음엔 '아, 연금 생활자의 모습이 이렇구나. 우리랑은 다르네.' 하다가 이게 40년을 고생해서 일한 대가인가, 이게 정말 행복한 걸까 하는 생각이 들더라고.

남경태　좀 씁쓸하네, 그런 말 들으니까.

고성국　또 한 가지 경험은 이런 거야. 노르웨이의 시민 활동가와 얘기할 일이 있었는데 그때 내가 물었어. "당신이 지금 제일 하고 싶은 게 뭐냐?" 그랬더니 우리 돈으로 딱 100만 원 정도가 생겼으면 좋겠대. 그 활동가는 40대 주부였는데, 뜻밖이었어. 사실 100만 원이면 그리 큰돈이 아니잖아. 게다가 노르웨이는 국민 소득이 우리보다 두세 배는 높은데. 그런데도 이 사람에게는 그게 정말 소원이라는 거야. 그 돈이 생기면 순전히 자기를 위해 쓸 거래. 그러면서 하는 말이 주변 사람들도 그렇다고 해. 그래서 로또를 한다는 거야. 그 얘기를 들으면서 무척 씁쓸해했던 게 기억나.

남경태　왠지 아까 그 노인이랑 비슷한 느낌이네.

고성국　저게 정말 행복인가? 열심히 일한 대가로 말년에 호화로운 여행을 즐기는 연금 생활자, 오로지 자기만을 위해 100만 원쯤 돈을 쓰고 싶어 하던 주부 시민 활동가, 머릿속에서 그렸던 것과 차이가 많더라고. 무력하다는 느낌이 들었어. 그러면서 나는 더 행복할 수 있다. 매일 매일을 목적의식적으로 사는 것이 행복해지는 길이다. 지금 내가 행복하지 못하다면 반성하고 후회할 게 아니라 행복해지기 위해 적극적으로 노력할 일이다. 내가 지금 시험을 못 봐서 행복하지 않다면 공부를 해서 다음에 시험을 잘 보면 될 일이다. 그런 생각을 했지. 뭔가 남한테 보여주고 남을 이기기 위해 공부하는 게 아니라 내가 행복해지기 위해 공부를 할 일이다.

남경태　시험 준비하는 게 너무 고통스럽다면 하지 말아야지. 그 고통을 감내할 자신이 없다면 말이야. 대신 다른 일을 하면서 행복을 느끼면 되는 거고.

고성국　그렇지. 그렇게 살아야지. 행복은 적극적으로 쟁취해야 하는 거야. 우리는 매 순간 행복하게 살 거냐 불행하게 살 거냐의 선택 지점에 있는 거야. 내일이 시험인데, 10시쯤 되니까 졸려. 그 순간 '악마

의 유혹'이 오잖아. 잘까 말까, 결국 잠을 청하는 순간 행복, 혹은 불
행이 시작되는 거지. (웃음)

남경태　　잠도 안 자고 버티면서 공부를 하는 것도 행복일 수 있기는
해. 어떻게 보면 참 까다로운 문제야. 내일의 행복을 위해 지금 고통
을 겪는다면 그게 고통인 건지, 아닌 건지. 담배를 끊는 고통을 고통
이라고 할 수 있는 건지. 엄밀히 말하면 어느 행복을 선택할 것이냐
하는 거겠지.

고성국　　그 '작은 행복'을 선택했다가는 후유증이 만만치 않을 거라는
것도 알아. 그 모든 결과를 스스로 감당하라는 거지. 부모가 시킨다
고, 선생님이 채근한다고 될 일이 아니라는 거야. 초등학교 고학년만
돼도 자기가 어떤 상황에 있는지, 어떤 걸 선택했을 때 어떤 결과가
올지, 그리고 그때 느낄 행복의 크기가 어느 정도인지 다 안다고.

남경태　　그렇지. 그리고 행복해지려면 선택을 즐기고자 하는 노력도
필요해. 일례로 야구 선수 박찬호는 메이저리그에 진출해서 큰 성과
를 거뒀지. 시즌 15승 이상도 하고 그랬어. 다만 20승은 끝내 하지 못
했는데, 그때 박찬호가 뛰던 텍사스 레인저스 투수 코치가 오렐 허샤
이저라는 선수였거든. 이 사람이 박찬호에게 그랬다는 거야. "넌 테
크닉이나 구질에서 나무랄 데가 없다. 한 가지 단점은 너는 야구를
즐기면서 하지 않는 거야." 그러면서 "너는 좋은 성적을 내려고만 해.

마치 대한민국을 대표하는 태도로 비장하게 경기하는 게 문제야"라고 했다는군. 사실 그때는 IMF 사태 때문에 우리나라가 국가적으로 어려울 때였잖아. 그래서 박찬호에게도 뭔가 국민에게 희망을 줘야한다는 부담이 있었을 거야. 사실 15승만 해도 엄청난 거거든. 투수 코치의 말은 그 정도까지는 엄숙하고 비장한 자세로 가능하지만 그 경지를 넘어 정말 최고가 되려면, 20승 투수가 되려면 그것만으로는 안 된다는 거지. 야구 자체를 즐길 줄 알아야 한다는 거야.

고성국　박찬호가 넘지 못한 벽이 바로 그거였군. 박세리도 그래. '국민적 영웅'이 되어버린 후론 골프 자체를 즐기지 못하게 된 거지.

남경태　어차피 해야 할 일이라면 즐기라는 말도 있잖아. 공부도 입시든 고시든 다 힘든 거지만 어차피 해야 한다면 즐겁게 하는 게 스트레스를 덜 받고 성적 향상에도 도움이 되는 법이지.

고성국　다행히 요즘 선수들은 예전과 달리 경기 자체를 즐기더라고. LPGA에서 잘나가는 한국 선수들 보면 굉장히 잘 꾸미고 나와. 즐기려는 마음이 없으면 그럴 수가 없는 거야. 축구 선수 차두리도 그렇잖아. 보는 사람도 즐거운 마음이 들 정도로 쾌활하지. 비장미랄까 이런 건 아예 없어. 항상 웃는 얼굴로 경기에 임하지.

남경태　맞아. 예전에는 운동 경기를 해도 죽기 살기로 했잖아. 올해는 본선에 올랐으니 내년엔 꼭 8강에 들자, 이런 식으로 목표를 세우고 고통을 인내했지. 덕분에 좋은 성적을 거두기도 했지만 정말 그 선수들은 경기를 하면서 행복했을까 하는 생각이 들어. 좋은 성적도 중요하지만 스포츠라는 게 원래 즐겨야 하는 거잖아. 기원으로도 놀이에서 나온 게 스포츠잖아. 그런데도 그렇지 못했던 건 과거 경직된 사회 분위기 때문이기도 해. 내일을 위해서, '대망의 80년대', '대망의 90년대'를 위해 허리띠를 졸라매야 했으니까. 그렇게 목표를 설정하고 군대식으로 추진하는 걸 미덕으로 여기는 분위기에서 결과 지상주의, 성적 지상주의가 나왔지. 목표가 아니라 과정에서 행복을 찾을수 있다는 걸 잊고 있었던 거야.

 얼마 전 제자와 이런 얘길 한 적이 있어. 자기는 정말 여행을 좋아한다는 거야. 그래서 가지 왜 못 가느냐고 했지. 이유가 뭐냐. 세 가지만 대봐라, 그랬더니, 애가 한참 생각을 해. 이유가 없는 거야. 비용이 문제인가? 했는데 그렇지도 않아. 회사에 다니는 애니까, 그 정도 돈은 있었다고. 시간이 없는 것도 아니었어. 지금 당장에라도 휴가를 내면 되는 거거든. 문제는 애가 그냥 다람쥐 쳇바퀴 돌 듯 사는 데 익숙해져 있었다는 거야.

 한편으로는 이게 아닌데, 하고 계속 회의를 느끼면서도 그러잖아.

고성국　　결국 그날 제자는 자기가 여행을 못 가는 이유를 하나도 대지 못했어. 그래서 내가 말했지. 너는 못 하는 게 아니다. 하고 싶은 게 있는데 그걸 안 하고 있을 뿐이다. 그 아이도 인정하더라고.

남경태　　그런 경우가 태반이야.

고성국　　그리곤 한 달이 지났을까. 유럽 여행 간다고 전화가 오더라고. (웃음) 그러면서 고맙다고 해. 그날의 대화가 아니었으면 자기는 평생 그토록 가고 싶었던 여행도 못 가고 후회만 하면서 지냈을 거라고 말이야.

남경태　　우스갯소리로 하는 말이 있잖아. 여행을 하려면 시간과 돈이 필요한데, 시간이 있을 때는 돈이 없고 돈이 있을 때는 시간이 없더라. 하지만 다 핑계야. 여행에 무슨 떼돈이 드는 것도 아니고 말이지. 시간 없다는 사람도 허튼일에 시간을 보내는 경우가 많더라니까. 문제는 시간이나 돈이 아니야. 사실은 일상을 벗어나는 것에 대한 두려움이 있는 거지. 아니면 게으르거나, 말로만 여행을 말할 뿐 진정으로 여행하려는 마음이 없는 거겠지.

행복은 구하는 자의 것

고성국　그래서 나는 행복은 적극적으로 대들고 도전하고 자기 것으로 만들어야 나오는 거라고 생각해. 아무리 작은 거라도 그렇게 만들어 가야 하는 거야.

남경태　나는 소극적인 성격에 대체로 식물처럼 지내는 편인데, 때로는 돌발적으로 행동할 때가 있어. 여행은 취미도 없고 좀처럼 하지 않다가 3년 전 5월에 갑자기 파리에 가겠다고 결정하고 사흘 만에 비행기를 탔어. 마침 비수기여서 항공료도 싸고 민박도 텅 비어 있어 일사천리로 예약되었지. 비행기에 오른 순간 내가 무슨 짓을 한 거지, 싶더군. 공황 장애를 앓은 적이 있어서 비행기에 혼자 10시간이나 있는 건 부담스러웠는데, 뭔가에 홀린 것처럼 파리행 비행기에 탄 거야. 무모한 결정이었지만 결과적으로는 내 인생에 가장 인상적인 여행이었어. 파리에 딱 열흘 동안 혼자 머물다 왔는데, 명소보다 뒷골목을 싸돌아다녔더니 파리를 구석구석 잘 알게 된 기분이야. 이런 식으로 몇 년에 한 번씩 여행하면 죽을 때까지 도시 열 곳쯤 친해지겠구나 싶었지.

고성국　사실 내가 원하는 걸 할 때 가장 행복하잖아. 나는 학생들에게 늘 얘기해. 결단을 하라고 말이야. 근데 사실 학생들은 돈이 없잖아. 직장인들이야 100만 원, 200만 원 마음먹으면 모을 수 있지만 학생들은 어렵다고. 그럴 때 내가 하는 말이 있어. 정말 네가 절실하게 원하면 부모님께 부탁해라. 진정성을 갖고 "지금 제가 이걸 꼭 하고 싶습니다. 도와주십시오." 그랬을 때 거절할 부모는 없다고 말이지.

남경태 여건만 되면 어떤 부모가 마다하겠어?

고성국 해외여행이 자율화된 게 1989년도잖아. 그전에는 해외에 나가는 것 자체가 굉장히 특별한 일이었지. 해외여행은 고사하고 여가 활동이라는 것 자체가 일반인들에겐 낯선 개념이었지. 먹고사는 게 우선이었으니까. 그렇게 허리띠 졸라매고 일만 하다가 1987년 6월 항쟁을 거치면서 우리 사회가 민주화되고 비로소 생활 전체가 바뀌게 된 거잖아. '아, 사는 게 이런 거구나, 인간의 행복이라는 게 얼마나 넓고 깊을 수 있느냐, 또 얼마나 작은 데서부터 소중한 것들을 찾을 수 있느냐'라는 걸 느끼면서 큰 세대들이 지금의 40대~50대이기 때문에 비록 자기는 못해도 자식들이 하고 싶어 하는 일은 적극적으로 지원하고 싶어 한다고. "아버지, 저 배낭 메고 한 달 동안 유럽으로 무전여행 좀 갔다 올게요. 비행기 값만 대주세요." 이랬을 때 "쓸데없는 짓 하지 마라." 할 부모들은 없어. 물론 고3이 그러면 "야, 웬만하면 대입 시험 보고 가라." 하겠지만, 내 주위에는 고3 여름 방학 때도 그렇게 보내는 부모들이 있었어, '차라리 여름 방학 때 한 보름 정도 화끈하게 세상 넓은 걸 보고 오면 공부에 도움이 될지 모르겠다.' 이렇게 생각하는 사람들이 있는 거야. 실제로 그렇게 갔다 온 애가 성적이 좋아지더라고. 동기 부여가 되는 거야. 부모하고 대화가 별로 없는 경우라면 이모나 삼촌도 좋고. 하다 하다 안 되면 선생님이라도 찾아가라는 거지. "선생님, 저 동해안 3박 4일 코스로 다녀오고 싶은데 돈이 없어요. 10만 원만 보태주세요." 흔쾌히 지갑을 여는 선생님이 있지 않을까? (웃음)

남경태 적어도 부모한테 전해주긴 하겠지. 학생이 그걸 절실히 원한다고 말이야.

고성국 그런 거라고. 그렇게 해서 자기 자신을 선언해라. 부모들한테, 선생님한테, "나 이런 거 하고 싶다. 나 이런 사람이다." 하고.

남경태 우리 자랄 때랑 많이 달라. 난 집에다 뭘 하고 싶다고 속내를 털어놓은 적이 없었어. 스스로 욕망을 제어하는 법만 배웠지. 그래서 어렸을 땐 빨리 크고 싶은 생각밖에 없었어. 어서 독립해서 내 맘대로 살아보려고. 게다가 옛날 분들은 공부 말고는 가치를 별로 안 두잖아. "나 놀 테니까 돈 좀 주세요." 이거는 자식이 부모한테 할 소리가 아니지. 논다는 거에 대해서 죄악시하는 문화도 있었고.

고성국 그래서 책 산다고 거짓말을 하는 거야. (웃음) 공부하는 데 필요하다고 하면 어떻게든 마련해주시거든.

남경태 사회 자체가 경직되어 있으니까 개인의 행복을 위한 다양한 시도들이 인정을 못 받았던 거지. 어렸을 땐 집안 어른들이든 학교 선생님이든 누구도 네 인생 잘 즐기며 살아라 하고 가르치는 법이 없었어. 일례로 중학교 때 도덕 과목을 맡은 젊은 여선생님이 참 좋고 열성적인 분이었어. 그런데 어느 날 내가 그 선생님에게 실망한 일이 있었지. 학생들에게 장래 희망을 적어내게 했는데, 누가 택시 운전사라고 쓴 거야. 그 말을 들었을 때 나는 상투적으로 법관이니 과학자니 하고 쓰는 아이들보다 훨씬 재미있고 기발하다고 여겼어. 이유도 그럴듯했어. 택시 운전을 하면 자유롭게 돌아다닐 기회가 많지 않으냐는 거였거든. 그런데 선생님이 갑자기 정색을 하면서 화를 내는 거야. 사내자식이 쩨쩨하게 택시 운전이 뭐냐는 거야. 믿었던 그 선생님도 역시 여느 어른들과 똑같다는 생각에 얼마나 속이 상했는지 몰라.

그땐 왜 그렇게 국가와 사회를 위해 뭔가를 해야 한다는 분위기가 강했을까? 그랬으니 즐기고 노는 데 어떤 자원을 지출한다는 것을 사회적으로나 가정적으로나 낭비로 여겼잖아. 그건 부잣집도 마찬가지였어. 애가 노는 꼴을 못 봐. 노는 게 아이들의 큰 행복인데. 특히나 아이들은 놀면서 배우는 게 얼마나 많은데.

고성국 우리 할아버지들 보면, 초등학교, 중학교 때 수학여행을 만주, 중국으로 갔다 온 분들이 많아. 일본도 가고, 일제 강점기니까. 그러다가 해방 후에 우리가 남한으로 딱 갇히게 되면서는 해외로 나가는 것 자체가 큰일이 되어버렸어. 외교관이나 국제 상사 주재원들 빼고는 아예 엄두를 못 냈어.

 1970년대만 해도 가족 중에 누가 2박 3일 도쿄 출장을 가면 온 가족이 김포공항으로 배웅을 갔다고. (웃음)

 우리가 원래는 굉장히 교류가 활발한 국제적인 나라였어. 일찍부터 해상 제국을 건설했고 지정학적 위치를 충분히 활용해서 중국과 동남아시아, 일본 사이에서 교두보 역할도 하고 그랬거든. 조선 시대만 해도 중국 유학은 기본이었잖아. 그러다 해방 이후 전쟁과 산업화 과정에서 좁은 땅덩어리 안에 갇히면서 시야가 좁아진 거야. 그러다 지금은 다시 "밖으로 밖으로"를 외치게 된 거지. 소위 '글로벌 시대'가 된 거야. 그러지 않으면 살아남지 못하니까.

 부모의 영향을 많이 받는 거 같아. 아무리 그러고 싶지 않아도 자라면 결국 부모의 가치관을 어느 정도 내면화하게 되잖아.

 가급적 빨리 부모의 가치 틀에서 벗어나야 해. 옛날 사람들은 지금처럼 글로벌화된 사회에 대한 감각이 없거든. 이걸 뛰어넘으려면 과거의 틀에서 벗어나 좀 더 진취적으로 가야 하는 거야. 말로만 글로벌, 글로벌 해서는 안 되는 거야. 정책 한두 개 잘하는 게 중요한 게 아니고 우리 국민들이 '글로벌 스탠더드'에 맞는 당당한 세계 시민이 되는 것이 중요하지. 그러려면 지금보다 더 진취적이어야 해. 행복의 단위가 달라져야 해. 한 가지 잣대만으로 평가해서는 안 되지. 잘 놀고 잘 살면서 행복을 느끼는 사람들이 많아져야 해.

 지금 대학생들은 확실히 다른 거 같아.

 오지에서 가난한 사람들을 돕고, 환경 감시 활동을 하면서 정말 자아실현을 하고, 젊음을 느끼는 그런 친구들이 많지. 1960년대 미국의 케네디 대통령이 평화 봉사단을 만들어서 전 세계에 미국의 이념, 미국의 '프론티어 정신'을 전파했잖아. 미국 정부가 적극적으로 지원했지. 그때 세계를 무대로 주름잡고 다니던 세대가 지금 일흔 안팎이겠지. 주한 미국 대사를 지낸 스티븐슨도 그런 케이스야. 그녀도 당시 평화 봉사 프로그램으로 우리나라에 와서 영어 교사를 했단 말이야. 그걸 몇 년하고 본국으로 간 거야. 그러니까 한국을 잘 알지. 그때 한국말을 익혔고 한국 관련 일도 하고 결국은 대사로 오게 된 거거든. 어릴 때의 경험이 중요한 거야. 우리 부모 세대들에게는 그럴 기회가 없었더라도 자식 세대들이 하겠다고 그러면 길을 터줘야 해.

 그래. 우리 부모들은 좋은 대학, 좋은 직장이라는 관념에 짓눌려 다른 삶을 꿈꾸지 못했다고 쳐. 그때는 먹고사는 게 우선이었으니까. 그런데 어느 순간 나를 돌아보니 나 역시 그런 생각을 하고 있더라고. 지금 내 아이가 스무 살인데, 걔를 보면서 '곧 졸업이고 그럼 취직해야 할 텐데 어떡하나.' 이러고 있더라니까. 내가 아는 어떤 사람은 애가 초등학교 때부터 방학이 되면 자전거 여행도 하고, 인도에 가서 몇 주일씩 지내고 그러는데, 그걸 보면서도 '저렇게 자식을 기르면 나중에 어쩌려고.' 하는 마음을 지울 수가 없는 거야. 길을 알아도 그 길로 가지 못하는 기분이랄까?

　제자 하나가 작년 가을쯤에 찾아왔어. "고민이 있어서 왔습니다. 갈림길인데 어디를 가야 할지 모르겠습니다." 그래. 뭐냐고 했더니, "학생회장에 다시 한 번 출마할까요? 아니면 취직 준비를 해야 하나요?" 이러는 거야. 애가 학생회장이 되고 싶었던 거야. 지난번에 학생회장에 출마했는데, 아깝게 떨어졌어. 그런데 학생회장 선거가 다시 온 거야. 고민이 되는 거지. 동기들은 취업 준비에 바쁘고 스펙 쌓기에 열을 올리는 중이었거든. 그래서 내가 물었어. "지금 안 하면 나중에 두고두고 후회할 게 어느 쪽일 거 같으냐?" 그랬더니, 학생회장 출마라는 거야. 자기는 학생회장 선거 안 나가고 취직하면 나중에 정말 후회할 거 같대. 답은 이미 나온 거지. 후회 없는 인생을 살라고 했어. 그 친구 지금 아주 행복하게 학생회장을 하고 있어.

　나는 그 순간 그 친구가 행복의 길을 스스로 선택했다고 생각해. 취직이 좀 늦어지거나 더 어려워질 수는 있겠지만, 그건 중요한 게 아니야. 살다 보면 행복을 위해서 뭔가를 내려놓아야 할 때가 있거든. 사실 그게 가장 어려운 일이라고. 본인도 알잖아. 내가 지금 이 욕심을 놓으면 마음이 더 편해질 것 같은데, 내가 더 당당해질 것 같은데, 이런 상황, 누구나 다 한 번씩은 겪었을 거야. 예컨대 뇌물을 갖고 와서 "잘 봐주세요." 할 때가 그럴 거야. 거절하면 내가 마음이 편하고 당당할 것 같은데, 그러려면 순간의 욕심과 유혹을 놓을 수 있어야 하거든. 그러고 나면 정말 행복한 길로 갈 수 있어. 다른 예를 들어볼까? 운전을 하다가 신호에 걸렸을 때 사람도 없고 차도 없고 지켜보는 사람도 없을 때 다음 신호를 기다려야 하나 무시해야 하나 갈등이 되는 거지. 대개는 무시하고 가. 그런데 기분은 절대로 안 좋아. 찝찝하지. 반면에 아무도 안 보지만 신호 바뀔 때까지 기다렸다가 가면 기분이 굉장히 좋아. 그게 선택이거든. 순간순간, 그러니까 우리는 하루에도 수십 번, 이 길과 저 길에서 선택하며 사는 거야.

남경태 행복도 장기적인 행복과 단기적인 행복이 있잖아. 사실 예전에는 너무 장기적인 행복에 매달리는 경향이 컸던 거 같아. 사회가 혼란해서 그런 건지 우리 때는 현재를 희생하더라도 미래를 준비해야 한다는 강박이 있었잖아. "젊어 고생은 사서도 한다"는 식이었으니 젊을 때 삶을 즐긴다는 건 꿈도 꾸지 못했던 거지. 그게 우리 세대의 뇌리에 각인된 탓에 지금 나도 그것에서 자유롭지 못한 거야. 이제 살 날이 산 날보다 훨씬 적은데도 아직 그러니 말이야. (웃음)

고성국 그렇지. 좋게 말해서 역동적이라고는 하지만 우리처럼 정치적으로 불안한 나라도 별로 없었어. 그러다 보니까 안정을 최우선으로 둘 수밖에 없는 거야. 내가 죽지 않고 살아남으려면 믿고 기댈 구석을 만들어야 하는 거야. 내가 어릴 때 제일 많이 들었던 얘기 중의 하나가 집안에 판사나 의사 하나는 있어야 한다는 거였어. 언제 누가 어떤 무고한 일로 잡혀갈지 모르니까. 그럴 때 집안에 판검사 한 명 있으면 그야말로 보험이 되는 거지. 의사도 그래. 아프면 돈이 많이 들잖아. 의료 보험이 있는 지금도 그런데 예전엔 더 했지. 집안이 기운다고 했을 정도니까. 그러니까 의사 하나는 있어야 하지. 우리가 다 그렇게 살아온 거야. 그 와중에 "나도 내 행복 찾겠습니다." 이런 말 못 꺼내는 거지. 그러나 이제 세상이 바뀌었어.

 현재를 희생해서 미래를 얻는, 이런 방식이 진짜 좋은 게 아니라고. 현재 할 수 있는 걸 아무것도 못하게 만들어. 정말이지 요즘 젊은 세대는 그런 생각에서 완전히 벗어났으면 좋겠어.

 세상이 바뀌었어. 지금 할 수 있는 것을 즐기는 속에 미래가 열리는 거야. 노는 게 노는 게 아닌 거지. 노는 게 가장 부가 가치 높은 창조고, 생산인 시대가 된 거야. 예전에는 안 그랬어. 예전에는 채플린이 연출한 〈모던 타임스〉의 톱니바퀴처럼 살았지. 한 사람만 놀아도 기계가 망가져. 하지만 지금은 다르잖아. 한 사람의 창의적인 아이디어가 수백만 명을 먹여 살리는 사회야. 노는 것이 어느 사이엔가 부가 가치 높은 창조물이 되는 사회지. 이런 사회에서 주인 노릇하려면 완전히 마인드를 바꾸어야 해. 행복하게 살면서 더 큰 행복을 만들어가는 식으로.

남경태　행복이 생산적 가치가 될 수 있다는 거지. 얼마 전에 통계를 보니까 OECD 국가들 중 룩셈부르크 같은 나라는 휴가 기간이 연 40일로 우리보다 훨씬 긴데도 생산성은 매우 높더라고. 뿐만 아니라 국내 기업 중 한 곳에서 노동 시간을 줄였더니 직원들의 만족도도 높을 뿐 아니라 생산성도 크게 제고되었대. 이제 그동안 모순적인 걸로 여겼던 노동 생산성과 노동 환경, 일과 삶, 두 마리 토끼를 다 잡는 게 가능한 시대가 된 거야.

행복한 삶과 행복한 죽음

고성국　행복하게 사는 얘기를 많이 했는데, 행복하게 죽는 얘기도 하고 싶어. 어른들이 죽을 때 잘 죽었으면 좋겠다고 하잖아. 이게 무슨 말이냐 하면 자식들을 먼저 안 보내고 오랫동안 아파서 자식들한테 부담 주지 않고, 더러운 꼴 안 보이고. 그렇게 천수를 누리다가 어느 날 자는 듯 편안하게 죽는 걸 의미해. 그런 행복한 죽음이 있다는 거지. 그런데 정말 그런 사람이 몇이나 되겠어. 특별한 몇몇 사람한테만 허용되는 특권적인 행복이지.

남경태　그렇게 죽음을 맞는 사람이 드물지.

고성국　언제 어떻게 죽음이 닥칠지 모르잖아. 준비하기가 어렵지. 그나

세상이 바뀌었어.

지금 할 수 있는 것을 즐기는 속에

미래가 열리는 거야.

노는 게 가장 부가 가치 높은 창조고,

생산인 시대가 된 거야.

마 요즘은 의술이 발달해서 생명이 연장되는 경우가 많거든. 그런 상태에서는 내가 죽음을 선택해야 하는 순간이 올 수도 있어. 삶과 죽음이라는 게 결국은 실존적인 판단에 달린 거지. 치매처럼 스스로 판단할 수 없을 경우는 예외로 하더라도, 앞으로는 그런 판단을 존중하는 쪽으로 사회가 가게 될 거야. 본인이 상황을 이해하고 받아들일 수 있게 돕는 거지. 혹 사실을 알리면 충격받을까 봐 감추는 경우가 있는데 그건 옳지 않다고 봐. 그런 고통을 받아들이고 스스로 판단을 해야 행복한 죽음을 맞을 수 있는 거지. 그게 아무리 고통스러운 과정이라도 자신의 죽음을 준비하고 받아들일 수 있도록 해야 하는 거야.

남경태　물론 사고사 같은 경우는 어쩔 수 없겠지만.

고성국　교통사고가 그렇지. 해마다 교통사고로 죽는 사람이 전쟁으로 죽는 사람 수보다 많다고 하잖아. 일본 쓰나미만 해도 수많은 사람들이 죽었고 지금까지 수습하지 못한 시신도 부지기수잖아. 이렇게 사고나 자연재해로 죽는 사람도 많아. 그래서 '위험 사회'라고 하지. 이때 죽음을 대비하는 방법이 뭐냐. 미리 유서를 써보는 거야. 자기 삶을 쭉 돌아보는 계기가 되거든. 일종의 라이프 히스토리 같은 거지. 수업 시간에 이걸 한번 써보라고 하면 처음엔 냉소적이었던 애들도 쓰면서 눈물을 흘린다고. 자, 지금 내가 유서를 쓴다고 쳐봐. 나는 도대체 50여 년 평생에 어떤 유산을 마련했나. 이걸 누구에게 나눠줘야 하나. 사회에 환원할 수 있을까. 죽고 난 뒤 내 시신을 어떻게 처리하는 게 좋을까. 정말 땅에 묻히고 싶은 건지, 불태워져서 어디 한강변에 뿌려지고 싶은 건지. 그것도 자기가 정리를 해. 죽음을 정면으로 직시하면서. 그리곤 묘비명을 써보는 거야. 비록 유명한 문학가는 아니더라도 평범하게 한마디 남기는 거야. 누구든 어떤 인생이든 그럴 가치는 있는 거라고. 그렇게 유서를 써서 1년에 한 번씩 생일 때 꺼내어 본다거나 하면 내 삶이 더 특별하게 느껴지는 거야. 마치 곤충이 탈피를 하듯이 우리도 유서를 쓰면서 지금까지의 낡은 껍질을 벗어던지고 정말 새롭게 다시 인생을 시작하는 그런 느낌을 가질 것 같아.

남경태　지금까지 자기 삶의 소결을 짓는 거니까.

고성국　이 책을 읽는 청소년들이라면 유서를 쓸 나이는 아니잖아. 그러나 부모들한테는 권할 필요가 있다고 봐. 부모와 자식 간의 관계는 정말 대자적으로, 인격 대 인격으로 만나기가 참 어려워.

남경태　부모는 아이를 무의식의 상태부터 키웠잖아.

고성국　내 뱃속으로 낳아서 키운 자식이니 그렇겠지. 하지만 아이는 자라면서 사랑도 받지만 유무형의 권위로부터 상처도 받거든. 이중적 의미에서 인격 대 인격으로 만나기가 어려운 거야. 그래서 대화가 없어지는 거지. 부모와 자식이 대화를 하는 가정은 정말 선택받은, 행복한 가정이야. 그랬을 때, 대화의 물꼬를 트는 제일 좋은 방법은 뭘까? 바로 스스로를 돌아보는 거야. 그러다 보면 나와 나를 둘러싼 관계를 들여다보게 되어 있어. 부모와 아무 관계없는 내가 존재할 수 있나? 내 현재와 관계없는 내가 존재할 수 있나? 내 주위에 있는 사람들과 관계없이 내가 존재할 수 있나? 생각해보면 그럴 수는 없거든. 그러면 답이 나와. 아버지의 삶, 어머니의 삶, 형제들의 삶, 내 친구들의 삶, 동시대의 삶을 새삼 느끼게 되는 거야. 그런 이해의 바탕에서 어머니, 아버지한테 당신들의 삶을 한번 써보세요 하고 권하는 거야. 아마도 쓰게 되면 80~90퍼센트는 자식 이야기일 거야. 혹은 당신들의 부모 얘기겠지. 이걸 권하는 거야. 유서라고 말하기 뭐하면 그냥 지금까지의 삶을 글로 한번 적어보세요, 라고 해도 되고. 그러면서 부모와 자식이 정말 새롭게 다시 만나는 거야. 더욱 깊어진 관계로. 그러다 보면 깊은 시선으로 자연스럽게 삶과 죽음을 바라보게 되어 있어.

남경태　꼭 죽음을 염두에 두지 않더라도 누구나 새롭게 시작하고 싶은 욕망이 있지.

고성국　보통은 연말연시에 그렇게 하잖아. '제야의 종소리'를 들으면서 한 해를 마무리하고 1월 1일 아침에 새롭게 마음을 다잡는다고. 그런 관례적인 것도 좋지만, 자기 혼자만의 어떤 새로운 통과 의례도 필요하다는 거지. 행복한 삶을 행복한 죽음과 연결 짓고 삶과 죽음 사이에 징검다리를 놓는 거야. 그렇게 행복의 문제를 새롭게 인식했으면 좋겠어.

남경태　그래서 하는 얘긴데 몇 년 전부턴가, 언제 죽어도 후회는 없겠다 싶은 생각이 들더라고. 이전에 나는 행복하다고 느껴본 적이 없지만 사실 행복한 삶을 살았던 거야. 젊을 때부터도 나중에 죽을 때 큰 미련이나 회한은 없어야겠다는 생각을 많이 한 거 같아. 그래선지 지금까지 대외적인 기준에서 잘 살았다거나 성공적인 삶을 살았다고 볼 수는 없지만 적어도 후회는 별로 없더라고. 나는 젊은 친구들에게도 그 점을 강조하고 싶어. 아직 죽음이 너무 멀어 실감 나지 않고 삶의 일정에 올릴 필요도 없겠지만 나중에 죽음을 맞았을 때 여한이 없도록 살라고 말이야. 나중에 가지 않은 길에 아쉬움을 가지지 말고 지금 이 길 저 길 다 가보라고.